Gezippt

Mit Liebe gemacht

Lieblingsstücke
JERSEY

19 kreative Nähprojekte von DaWanda-Designern

ZEIT FÜR NEUE
ABENTEUER

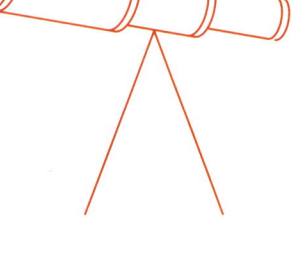

KEINE ANGST **VOR JERSEY!**

Jerseystoff stammt ursprünglich von der Kanalinsel Jersey zwischen England und Frankreich, wo die ersten Pullover für Fischer aus dem weichen und dehnbaren Material hergestellt wurden. Inzwischen werden nicht mehr nur gemütliche Pullover aus Jersey genäht, sondern es gibt unzählige weitere schöne Ideen aus dem praktischen Stoff!

Entdecke in diesem Buch 19 trendige Beispiele der kreativen DaWanda-Designer, die Dir zeigen, was man aus dem praktischen Material alles machen kann! Ob sommerliches Neckholder Top, lässiges Fledermausshirt, warme Armstulpen oder cooler Reißverschlussschal: Es finden sich für alle Jahreszeiten und für jeden Anlass passende Kleidungsstücke und Accessoires, bei denen viel Raum für individuelle Ideen bleibt. Deiner eigenen Kreativität sind also keine Grenzen gesetzt!

Alle Projekte werden Dir verständlich anhand von Fotos erläutert, sodass Du die Vorgehensweise der Designer Schritt für Schritt nachvollziehen

kannst. Nebenbei stellen sich die einfallsreichen Köpfe vor, die hinter den Ideen stecken, und geben Dir hilfreiche Tipps und Tricks, damit Dir Deine Kleidungsstücke garantiert gelingen! Klick Dich gerne auch durch das DaWanda DIY-Portal (https://de.dawanda.com/do-it-yourself/) und entdecke noch mehr geniale Anleitungen für Selbstgemachtes!

Viele Hobbyschneiderinnen haben Respekt vor Jersey. Wenn Du die folgenden Tipps beachtest und ein paar wichtige Dinge im Hinterkopf behältst, ist es gar nicht so schwer:

 **Waschen**

Wasche den Stoff vor der Verarbeitung. Damit sich der Stoff beim Waschen nicht verzieht, sollte er ringsherum einmal mit einem Zickzack- oder Overlockstich genäht werden. Nach dem Waschen und Trocknen kannst Du die Naht dann einfach abschneiden.

② Zuschneiden

Beachte unbedingt die Nahtzugabe. Je dünner der Jersey, desto mehr Nahtzugabe benötigst Du. Sonst kann es schnell passieren, dass der Stoff in die Maschine gezogen wird. Der im Schnittmuster eingezeichnete Fadenlauf entspricht dem Maschenlauf und muss beim Zuschnitt parallel zu den Längskanten (Webkanten) des Stoffes verlaufen. So ist Dein fertiges Kleidungsstück in Querrichtung dehnbar. Stecke die Stecknadeln immer im 90°-Winkel zu Deiner Nahtlinie! Passe aber auf, dass Du die Stecknadel, kurz bevor die Maschinennadel auf sie treffen würde, herausziehst! Treffen Maschinennadel und Stecknadel aufeinander, können diese sich verbiegen oder gar splittern.

③ Nähen

Am einfachsten ist die Verarbeitung mit einer Overlockmaschine. Mit dieser kannst Du das Zusammennähen und Versäubern in einem Arbeitsschritt erledigen. Doch auch mit einer normalen Maschine ist es kein Problem, Jersey zu verarbeiten.

Verwende beim Nähen unbedingt eine Jerseynadel! Diese hat eine abgerundete Spitze, die das Maschenbild nicht durchtrennt, sondern die Faser verdrängt und somit kein Loch entsteht.

Für einen schönen Saum kann eine Zwillingsnadel verwendet werden. Stelle einen elastischen Stich ein (Zickzackstich, Elastikstich etc.), damit die Naht nicht reißt!

Überprüfe den Nähfußdruck! Falls beim Nähen Wellen entstehen, verringere den Druck oder stelle einen zusätzlichen Obertransport ein. Wenn Du mit Deiner Naht beginnst, halte die Enden von Ober- und Unterfaden mit einer Hand fest, damit der weiche Jersey nicht in den Transporteur gezogen wird. Generell solltest Du an allen Nahtanfängen und -enden 1 cm zurück und wieder vor nähen, um die Naht zu sichern.

LOOPSCHAL

MATERIAL

- Jerseystoff für die Vorderseite, 152 x 47 cm
- Jerseystoff für die Rückseite, 152 x 47 cm
- Polyester-Garn in den Farben des Stoffes

WERKZEUG

- Stoffschere oder Rollschneider
- Stecknadeln oder Klammern
- Nähmaschine, Elastikstich für Jersey
- Jerseynadel

ANLEITUNG

1

2

Die beiden Stoffe auf die Maße 152 x 47 cm zuschneiden und rechts auf rechts aufeinanderlegen.

Die Stoffteile nun entsprechend feststecken und zunächst nur die beiden Längsseiten 1 cm vom Rand entfernt zusammennähen. Um die Naht zu festigen, am Anfang und Ende jeder Naht vorwärts, rückwärts und wieder vorwärts nähen.

✂ Nahtzugabe von 1 cm bereits enthalten.

Perfekter
Still-Loop!

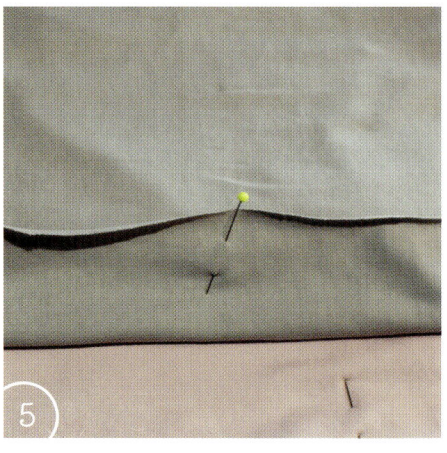

Nun den überstehenden Stoff auf ca. 0,5–0,8 cm zurückschneiden.

Mit der Hand von einem Ende der offenen Seite bis zum anderen Ende hindurchgehen und das Stoffende zu sich heranziehen. Hierbei ist es nun wichtig, dass das gegriffene Ende nur bis an den vorderen Anfang gezogen wird und dass die Stoffe nicht verdreht werden. Es entsteht ein optisch halber Schlauch. Dieser muss nun in seiner jeweiligen Farbe aufeinanderliegen.

Beide Stoffenden der noch offenen Seiten nun aufeinanderlegen und zusammenheften. Dabei ist es ratsam, sich schon jetzt eine Wendeöffnung zu markieren, damit man sie am Schluss nicht vergisst.

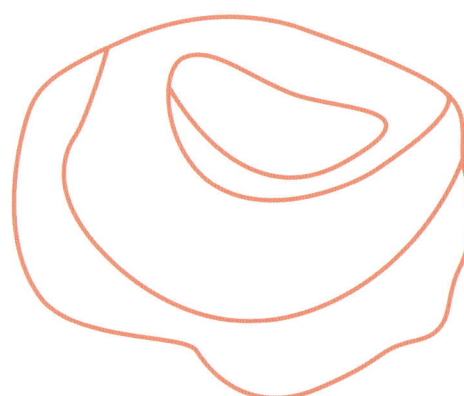

Die jeweiligen Nähte, bei denen die beiden Stoffbahnen zusammentreffen, so zusammenheften, dass möglichst keine zu dicke Naht entsteht und genügend Halt gegeben ist, wenn sich der Stoff ziehen muss. Danach diese Naht rundherum zunähen, jedoch eine Wendeöffnung von ca. 10 cm offen lassen. Durch diese Öffnung wird nun der komplette Loop hindurchgezogen. Die Öffnung kann nun mit der Hand (bitte die Garnfarbe des entsprechenden Stoffs wählen) mit einem Matratzenstich oder knappkantig mit der Nähmaschine zugenäht werden.

VOLLER LEBENSFREUDE

Hinter „fabrik-handart" stecken Lebensfreude, Optimismus, Energie, Träume, Kreativität und die große Liebe zum Nähen.

Angefangen hat alles im Nebenbetrieb. Heute blicke ich voller Stolz auf die letzten Jahre – das Erreichte – und auf das, was kommen wird. Das „fabrik-handart"- Team hat Ende letzten Jahres sein erstes Geschäft in Berlin-Müggelheim bezogen. Dort dürfen Nähbegeisterte ihrer Sucht nachkommen. Egal, ob auf der Suche nach geeignetem Equipment, Anregungen, einem guten Rat oder der Kauf von handgefertigten Produkten (Kleidung, Accessoires, Wohntextilien u.v.m.) – hier betreiben wir Therapie mit Aussicht auf ein langes und glückliches Nähleben…

Was wir keineswegs versäumen möchten: Ein herzliches Dankeschön an alle „fabrik-handart-Kunden", ohne die wir nicht das wären, was wir heute sind!!!

fabrik-handart
https://de.dawanda.com/shop/KEVS-BAG
www.fabrik-handart.de

FLEDERMAUS-SHIRT

MATERIAL

- Viskosejersey oder Baumwolljersey, ca. 150 cm (bitte nach Erstellung des Schnittes ausmessen)
- Farblich passendes Garn
- Papier (Schnittmuster- oder Packpapier)

WERKZEUG

- Schneiderkreide
- Stoffschere oder Rollschneider
- Stecknadeln oder Klammern
- Ggf. Patchworklineal und French-Curve-Lineal
- Näh- oder Overlockmaschine
- Jerseynadel

✂ Nahtzugabe von 1 cm bereits enthalten.

✂ Das Schnittmuster findest Du auf dem Schnittmusterbogen.

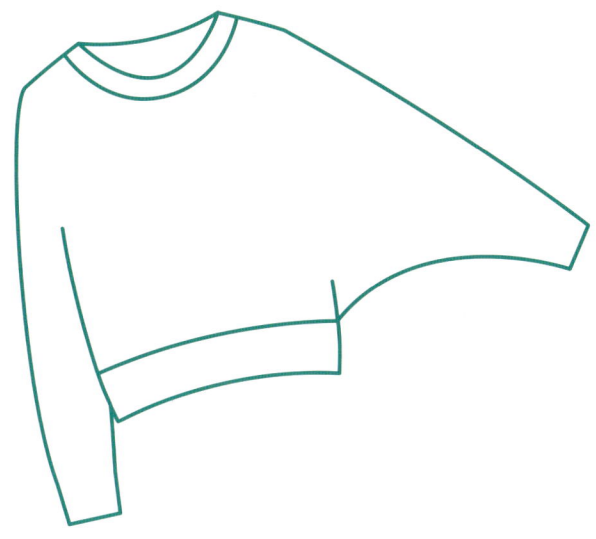

ANLEITUNG

Lege alle drei Schnittteile im Bruch auf Deinen Stoff. Dadurch, dass der Körper und die Ärmel an einem Stück sind, kannst Du die Bündchen platzsparend anlegen.

ⓘ Lies Dir bitte die gesamte Anleitung einmal im Ganzen durch, bevor Du zu nähen beginnst!

Nun schneidest Du Deine Teile zu: den Körper mit einer Nahtzugabe von 0,7 cm, den Ausschnitt und die Bündchen ohne Nahtzugabe. Für die Bündchen empfiehlt sich die Verwendung eines Patchworklineals.

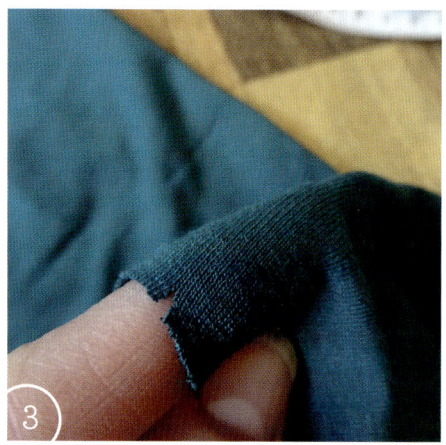

Versieh die Stoffbrüche sowohl in der Körpermitte als auch an allen Bündchen mit kleinen Einschnitten von 3 mm, das hilft später dabei, die Bündchen mittig anzubringen.

Um die Länge Deines Halsbündchens zu ermitteln, miss den Umfang des Ausschnittes im Bruch zu. Diesen multiplizierst Du mit 0,7. Bei einem Umfang von 2 x 29 cm, also 58 cm, ist das eine Länge von 41 cm. Für die Höhe wählst Du 3,5 cm.

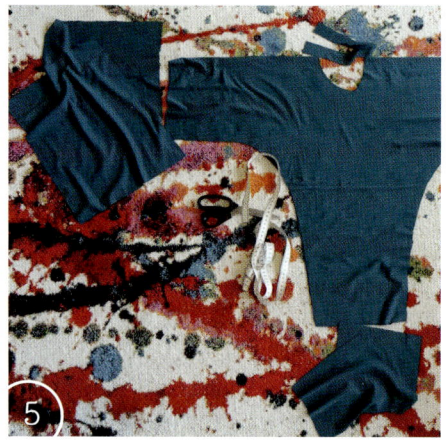

Wenn Du nun alle sechs Teile zugeschnitten hast, kann es mit dem Nähen losgehen.

Schließe Deinen Ausschnittstreifen an der kurzen Seite zu einem Ring.

Denke an die kleinen Einschnitte zur Markierung der Mitte.

Damit die Nähte später schön flach liegen, kannst Du die Nahtzugabe umbügeln.

Falte nun den Ausschnittstreifen der Länge nach und stecke ihn rechts auf rechts an den Ausschnitt. Die Naht des Bündchens trifft hierbei auf die hintere Mitte, die beiden vorderen Einschnitte treffen aufeinander.

Unter leichter Dehnung des Bundes nähst Du es jetzt an den Ausschnitt. Achte dabei darauf, nur das Bündchen und nicht den Stoff darunter zu dehnen.

Ziehe die Fadenraupe mithilfe einer Stopfnadel in die Nahtzugabe. So ist sie gleich gesichert.

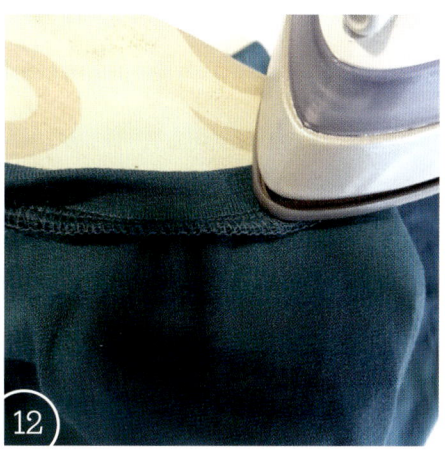

Die Nahtzugabe in Richtung des Körpers bügeln. Optional kann die Nahtzugabe noch mit einer Nähmaschine und einem elastischen Stich festgesteppt werden.

Schließe nun beide Seitennähte …

(14) … und bügle die Nahtzugabe nach hinten.

(15) Nun schließt Du die Seitennähte des Saumbündchens, …

(16) … markierst die Mitte mit einem Einschnitt…

(17) … und steckst den Bund an die untere Körperöffnung. Achte dabei darauf, dass die Seitennähte jeweils aufeinandertreffen. Damit die Nähte möglichst flach werden, lege ich die Nahtzugaben jeweils in die entgegengesetzte Richtung.

(18) Die Seiten und die vordere und hintere Mitte fixieren und das Bündchen annähen.

(19) Im nächsten Schritt werden die Seitennähte der Ärmelbündchen geschlossen, die Mitte markiert …

… die Bündchen rechts auf rechts um den Ärmel gesteckt…

… und unter Dehnung des Bündchens angenäht. Starte dabei immer (auf dem Hinterteil) kurz vor der Naht. Wenn Du alle Fäden gesichert und alle Nahtzugaben umgebügelt (und abgesteppt) hast, ist Dein tolles Fledermausshirt auch schon fertig!

Iliane

Ich liebe Handarbeiten: ob genäht, gestrickt, getöpfert… eben alles, was man mit seinen Händen und viel Liebe zum Detail herzustellen vermag. Schon als Kind habe ich das Basteln geliebt, nichts in unserem Zuhause war vor meinen kreativen Ausbrüchen sicher. Im Erwachsenenleben, wo die Zeit weniger und der Geschmack eigener geworden ist, konzentriert sich fast all meine kreative Energie auf das Nähen und Stricken. Die unendlichen Material-, Schnitt- und Designmöglichkeiten sind es, die mir dieses Hobby so unentbehrlich machen – ganz abgesehen von der entspannenden Wirkung! Es macht mich glücklich, wenn meine Familie, Freunde und auch ich selbst meine handgearbeiteten Unikate mit Stolz tragen, und ich freue mich ebenso darüber, wenn es Leute da draußen gibt, die an meinen Produkten Gefallen finden.

iliane
 https://de.dawanda.com/shop/iliane

NECKHOLDER-TOP MIT TUNNELZUG

MATERIAL

- Papier (Geschenkpapier oder aneinandergeklebtes A4-Papier)
- Transparentes Papier (Schnittmuster- oder Packpapier)
- Ca. 80 cm schön fallender Jerseystoff: ca. 80 x 150 cm
- Passendes Garn

WERKZEUG

- Maßband
- Langes Lineal
- Patchworklineal oder Geodreieck
- Stifte
- Papierschere
- Stoffschere

- Schneiderkreide/Kreidestift
- Nähmaschine mit Jerseynadel
- Schrägbandformer 12 mm (es geht aber auch ohne)
- Schrägbandeinfasser Nähfuß (es geht aber auch ohne)
- Overlock-Nähmaschine mit Jerseynadel (es geht auch mit kleinem geraden oder Zickzackstich an der normalen Nähmaschine)
- Coverstich-Nähmaschine mit Jerseynadel (es geht auch mit Zwillingsnadel für die normale Nähmaschine oder schönem Zickzackstich)
- Nähnadel
- Sicherheitsnadel
- Stecknadel/n
- Bügeleisen

✂ Alle Nahtzugaben sind bereits enthalten.

✂ Das Schnittmuster findest Du auf dem Schnittmusterbogen.

①

Zuschnitt vorbereiten
Bügle den Stoff mit viel Dampf schön glatt. Lege ihn 2 x Kante auf Kante zusammen und streiche ihn glatt. Rechtwinklig zur Bruchkante zeichnest Du Dir eine Linie bis zum Ende des Stoffes. Zeichne dazu 2 Parallelen im Abstand von 3 cm. Schneide die zwei 3 cm breiten Streifen ab.

Falte eine Außenkante des Stoffes so, dass der Stoff doppelt liegt und das Schnittmuster für das Vorderteil gut darauf passt. Achte darauf, dass der Verlauf der Maschen so gerade wie möglich ist. Jetzt kannst Du das Schnittmuster auflegen, abzeichnen und ausschneiden. Gehe genauso für das Rückenteil vor. Mache Dir in beiden Teilen eine Markierung an der Taillenlinie und knipse diese ca. 4 mm ein.

Lege Vorder- und Rückenteil so aufeinander, dass die rechten Stoffseiten jeweils innen liegen. Zur Unterstützung beim Nähen kannst Du Dir eine Stecknadel an den „Taillenknips" stecken.

Nähe die beiden Seitennähte mit der Overlock-Nähmaschine zusammen. Alternativ kannst Du einen geraden Stich mit kleiner Stichlänge an der normalen Nähmaschine oder einen Zickzackstich verwenden. Beginne am Saum, achte darauf, dass die Taillieneknipse übereinanderliegen und auch die Stoffenden genau Kante an Kante abschließen.

Schneide die Fäden ab. Kontrolliere noch einmal, ob Du einen ordentlichen Übergang hast, falls doch etwas übersteht, schneide vorsichtig nach.

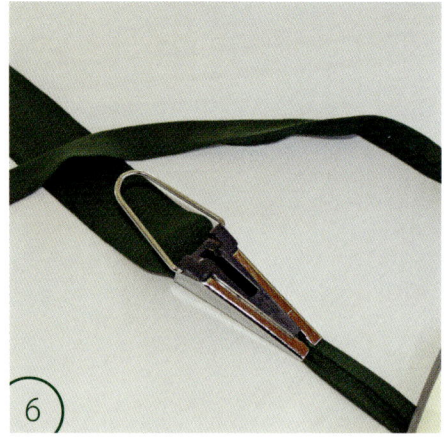

Bügle die beiden schmalen Streifen mithilfe des Schrägbandfalters so, dass die Kanten in der Mitte aufeinandertreffen, die rechte Stoffseite ist außen.

Nähe mit einem Schrägbandeinfasser den ersten Streifen komplett durch, wähle dafür eine kleine Stichlänge, passe sie aber der Stoffdicke an.

Fasse die Ausschnittkanten mit dem zweiten Band ein.

Kontrolliere, ob der Stoff wirklich von beiden Seiten ordentlich eingefasst ist und nirgendwo ein Loch existiert. Schneide die überstehenden Stücke der zusammengenähten Streifen ab.

Bügle die Kante des Halslochs zweimal je 1 cm um.

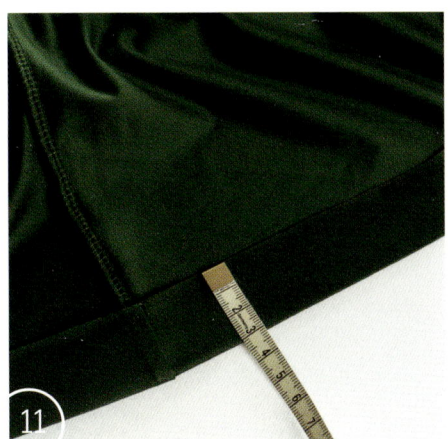

Bügle die Saumkante 3 cm breit um. Achte darauf, dass an den Seitennähten die Nähte aufeinanderliegen.

Steppe die umgebügelte Kante des Halslochs knappkantig ab. Achte darauf, dass die eingefassten Enden innen liegen, befestige es vorher mit Stecknadeln.

Umsteppe die Saumkante mit der Coverstichmaschine, einer Zwillingsnadeln an einer normalen Nähmaschine oder einem Zickzackstich).

14

Vernähe den Greiferfaden und alle Fäden, die den Eindruck machen, dass sie sich lösen könnten. Schneide alle Fäden ab.

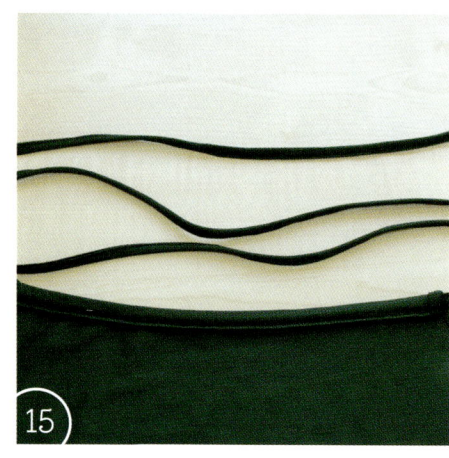

15

Ziehe das Band (von Schritt 16) mit einer Sicherheitsnadel durch den Tunnelzug. Alternativ kannst Du auch ein anderes (fertiges) Band nehmen.

16

Passe das Band auf die gewünscht Länge an. Schneide die Enden schräg ab. Wenn Du magst, mache einen Knoten an die Enden.

ℹ️ Ziehe weder am Stoff, noch am Band (lass es einfach laufen), halte den Stoff so, dass die einzufassende Kante auf die Stelle trifft, wo die umgebügelten Seiten zusammentreffen. Übe evtl. vorher an einem Stoffrest)

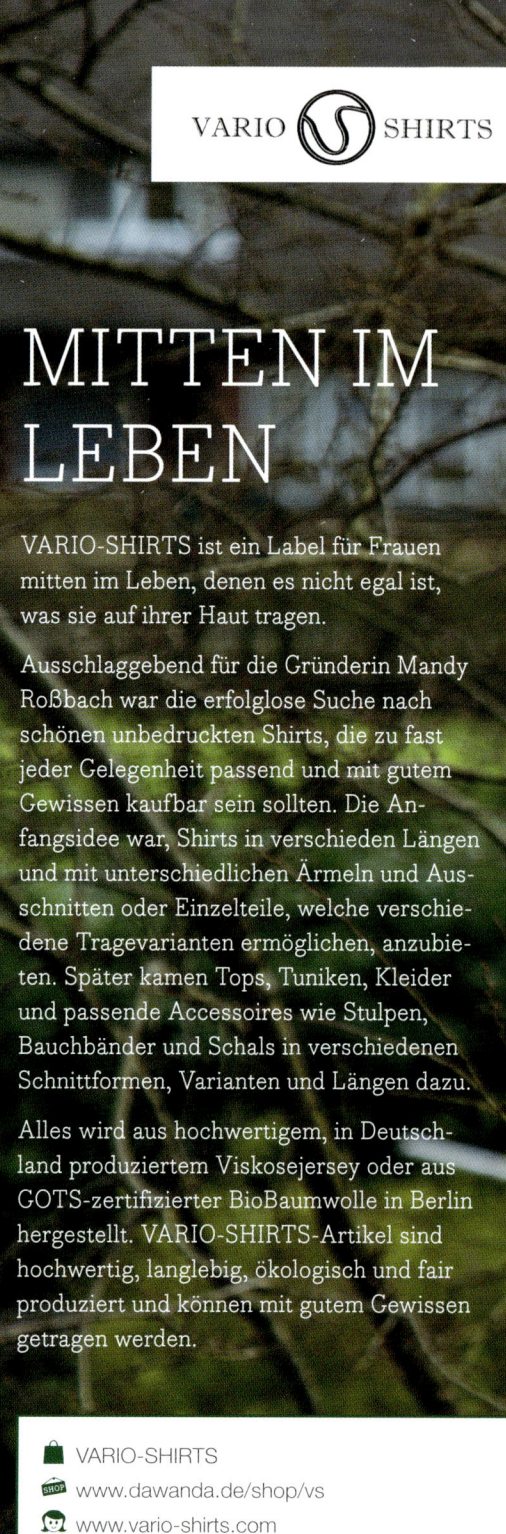

TURBAN-STIRNBAND

MATERIAL

- Jersey mit Elasthananteil
- Passendes Garn

WERKZEUG

- Stoffschere oder Rollschneider
- Schneiderkreide
- Stecknadeln oder Klammern
- Ggf. Patchworklineal und French-Curve-Lineal
- Overlock- oder Nähmaschine
- Jerseynadel

✂ Alle Nahtzugaben sind bereits enthalten.

ANLEITUNG

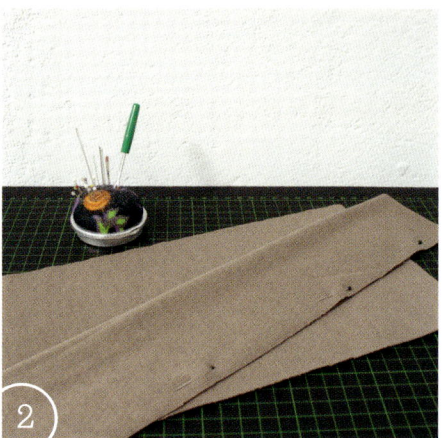

Zunächst misst Du Deinen Kopfumfang aus. Das Maßband legst Du Dir dafür in Stirnhöhe über den Augenbrauen und über den Ohren um den Kopf. Das so in Zentimetern ermittelte Maß ist der Kopfumfang. Ein durchschnittlicher Kopfumfang misst etwa 56 cm. Mithilfe von Maßband und Schneiderkreide zeichnest Du Dir nun zwei Rechtecke auf Deinen Stoff. Die Länge ent-

spricht Deinem Kopfumfang, die Breite sollte 18 cm betragen, kann aber je nach Geschmack individuell verändert werden. Also zum Beispiel 56 cm x 18 cm. Die Nahtzugabe ist hier bereits enthalten. Schneide nun zwei Stoffstreifen zu. Achte beim Zuschneiden darauf, dass die lange Seite des Stoffstücks der entgegengesetzten Richtung des Fadenlaufs entspricht.

Lege anschließend die Stoffstreifen jeweils rechts auf rechts zusammen und fixiere sie an der langen Seite mit Stecknadeln.

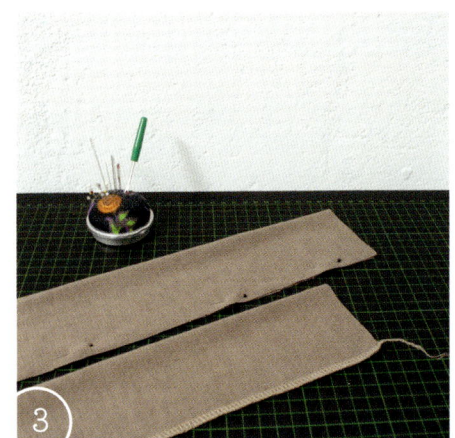

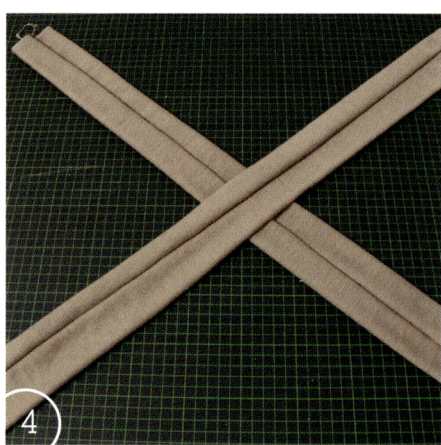

Mithilfe der Overlockmaschine oder einem sehr schmalen Zickzackstich bei einer normalen Nähmaschine vernähst Du nun die offenen Kanten beider Stoffstücke. Wenn Du einen Zickzackstich benutzt, achte darauf, einen Zentimeter Nahtzugabe stehen zu lassen und diese anschließend zu versäubern. Jetzt werden die beiden Stoffstreifen gewendet.

Nun geht's an den etwas kniffligen Part – das Falten. Beide Stoffstreifen werden zunächst über Kreuz gelegt, sodass die Nähte mittig auf der Innenseite des Streifens liegen und nach oben zeigen.

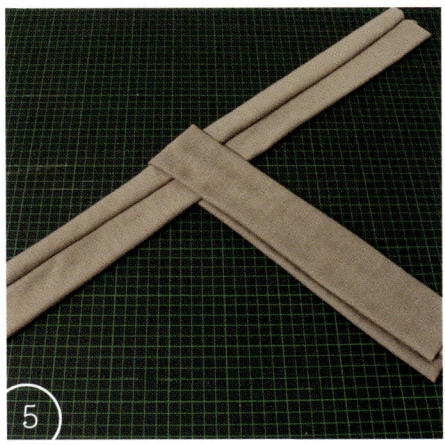

(5)

Falte jetzt den ersten Stoffstreifen so zusammen, dass beide Nähte innen liegen.

(6)

Der andere Streifen wird ebenfalls gefaltet, nur dass die Naht des oberen Endes hier nach außen zeigt.

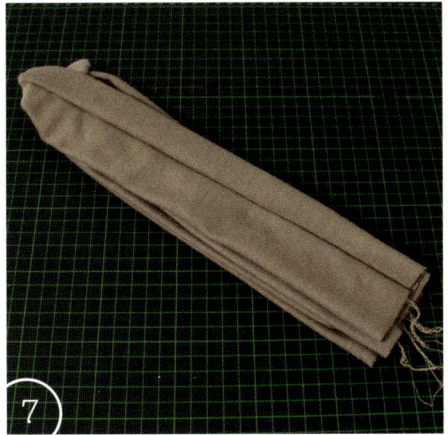

(7)

Beim anschließenden Zusammenführen aller vier Stofflagen achte darauf, dass die sichtbare Naht oben aufliegt.

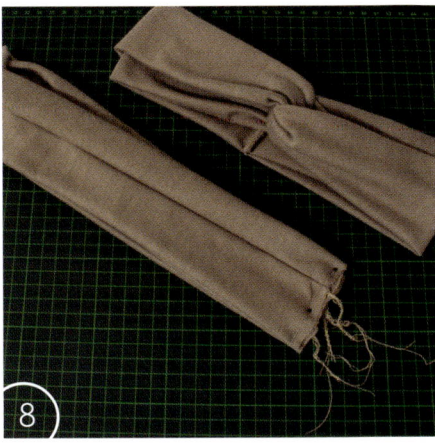

(8)

Im letzten Schritt fixierst Du die Stoffkanten mit Stecknadeln und vernähst sie. Auch hier bietet sich wieder der Overlock- oder der Zickzackstich an. Die Nahtzugabe sollte in jedem Fall versäubert werden. Wenn Du einen Overlockstich verwendest, werden die Fadenenden mithilfe des Nahtauftrenners entwirrt und per Hand verknotet. Beim Zickzackstick verriegelst Du mit der Nähmaschine. Die entstandene Naht wird nun nach innen gelegt und Dein Turban-Stirnband ist bereit zur Anprobe.

ⓘ Je nach Herstellungsart besitzt Jersey eine unterschiedliche Elastizität. Wenn Du zum Beispiel mit einem etwas dickeren Baumwolljersey arbeitest, solltest Du zum Kopfumfang noch 2 cm addieren, sonst könnte das Band am Ende zu eng sitzen.

NACHHALTIG UND FAIR

Hinter dem Label nimi steht die Wahlberlinerin Stefanie Kofnyt, die seit 2011 handgefertigte und fair produzierte Mode in limitierter Edition herstellt.

Besonderen Wert legt sie dabei auf individuelle und hochwertige Materialien sowie nachhaltige Arbeitsprozesse. Ihre Stoffe werden überwiegend aus deutschen und europäischen Manufakturen bezogen und jedes einzelne Produkt wird in ihrem Berliner Atelier selbst entworfen und mit besonderer Liebe zum Detail von Hand gefertigt.

So entstehen kleine Aufmerksamkeiten für besondere Anlässe und langlebige Lieblingsstücke für den Alltag.

🛍 nimi

 https://de.dawanda.com/shop/nimi

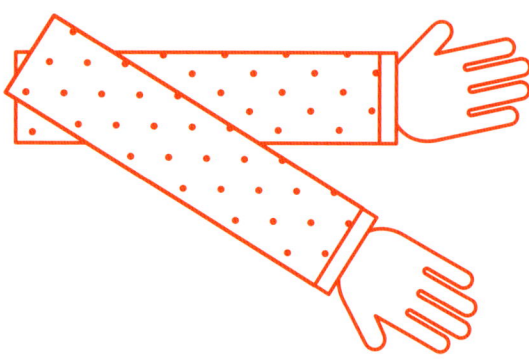

Die Stulpen sind Dir viel zu eng oder zu weit? Hast Du extrem breite oder schmale Handgelenke und Arme, dann verändere Dir die Breite des Schnittmusters. Schneide dazu das Schnittmuster parallel zum Fadenlauf durch und schiebe die Kanten so weit auseinander oder übereinander, bis Du die gewünschte Weite Deiner Armstulpen erreicht hast.

WÄRMENDE ARMSTULPEN

MATERIAL

- ❯ 2 x Jerseystoff, je 55 x 30 cm
- ❯ Passendes Garn

WERKZEUG

- ❯ Nähmaschine
- ❯ Stoffschere
- ❯ Stecknadeln oder Klammern
- ❯ Schneiderkreide
- ❯ Handnähnadel

Schnittmuster aufzeichnen: Falte jedes Stoffstück zur Hälfte, sodass die Längskante senkrecht verläuft. Lege jeweils das Schnittmuster auf. Beachte dabei, dass der Fadenlauf des Schnittmusters parallel zur Längskante verläuft. Nun zeichne mit der Schneiderkreide sorgfältig einmal um das Schnittmuster herum, ohne dabei den Jersey zu verziehen. Du brauchst keine weiteren Nahtzugaben, da diese bereits im Schnittmuster enthalten sind.

Zuschnitt: Stecke Dir beide Stofflagen mit einigen Stecknadeln zusammen. Dies verhindert ein Verrutschen der Stofflagen beim Zuschnitt. Schneide nun den Stoff entlang der angezeichneten Linie aus. Anschließend kannst Du die Stecknadeln wieder entfernen. Du hast jetzt insgesamt vier Schnittteile.

✂ Nahtzugabe bereits enthalten.

✂ Das Schnittmuster findest Du auf dem Schnittmusterbogen.

ⓘ Ich bevorzuge hier Baumwolljersey mit Elastananteil, da dieser etwas stabiler ist. Für die Außenseite wähle ich gerne einen gemusterten, für innen einen einfarbigen Jersey

Nähen der oberen Kante: Nimm Dir nun je ein gemustertes und ein unifarbenes Schnittteil. Lege diese rechts auf rechts aufeinander und stecke Dir die obere Kante (kürzere Kante) mit einigen Stecknadeln fest. Nähe nun die beiden Teile entlang der oberen Kante mit einer Nahtbreite von 7 mm zusammen.

Nähen der Längskante: Klappe das entstandene Stoffteil an der Teilungsnaht so auseinander, dass die rechte Stoffseite oben liegt. Drehe es so zu Dir, dass die Naht senkrecht zu Dir verläuft.

Nähen der Längskante: Klappe die zusammengenähten Stoffteile nun ein zweites Mal. Lege dazu die beiden neu entstandenen langen Kanten so zusammen, dass ein schmaler Schlauch entsteht. Die rechten Stoffseiten liegen innen. Die Nahtzugaben der Teilungsnaht lege in eine Richtung.

Nähen der Längskante: Stecke die Kanten nun mit Nadeln an der langen Seite miteinander fest und nähe sie wieder mit einer Nahtbreite von 7 mm zusammen. Achte dabei darauf, dass die Teilungsnaht genau aufeinandertrifft.

Nähen der unteren Kante: Als nächstes musst Du den entstandenen Stoffschlauch zu einem Ring schließen. Schlage dazu die offene Kante des gemusterten Jerseys ein paar Zentimeter um, sodass etwas von der rechten Stoffseite zu sehen ist.

Nähen der unteren Kante: Schiebe das unifarbene Ende über den eingeschlagenen Saum des gemusterten Jerseys. Die Stoffe liegen rechts auf rechts aufeinander. Stecke die Kanten zusammen und achte darauf, dass die Teilungsnaht wieder aufeinander trifft. Beachte bitte auch, dass Du die Stulpenteile dabei nicht verdrehst.

9

Zeichne Dir etwa 2–3 cm rechts und links von der Teilungsnaht eine Markierung für die Wendeöffnung an. Nähe nun die gesteckten Kanten zusammen (Nahtbreite 7 mm). Beginne an der Markierung rechts von der Teilungsnaht und ende an der zweiten Markierung links von der Teilungsnaht. Du hast Deine Stulpenteile zu einem Ring geschlossen, die Wendeöffnung bleibt offen.

10.

Wenden der Stulpen: Ziehe die Stulpen nun durch die Wendeöffnung so, dass die rechte, gemusterte Seite außen liegt und der einfarbige Jersey innen.

11

Ziehe an der oberen Kante etwas von dem einfarbigen Jersey heraus, damit sich ein hübscher Kantenabschluss bildet. Nähe nun vorsichtig die Wendeöffnung von Hand zu.

IM RHYTHMUS DER NÄHMASCHINE

Mein Herz schlägt im Rhythmus meiner Nähmaschine. Mittlerweile ist es über 20 Jahre her, dass ich spontan beschlossen habe, eine Ausbildung zur Damenschneiderin zu machen. Nach dem Abschluss und einem Studium zur Bekleidungsingenieurin habe ich anschließend einige Jahre in einem Bekleidungsunternehmen gearbeitet. Um meine Kreativität auszuleben, habe ich mich dann privat mit viel Herzblut und Hilfe einer lieben Freundin hauptsächlich auf die Anfertigung von Korsetts und den dazugehörigen Accessoires beschäftigt. ATEMraub war geboren!

Aber wer kann schon auf Dauer den wunderhübschen bunten Stoffen widerstehen, die einem auf Märkten über den Weg laufen und „nimm mich mit" rufen. Da man leider nicht aus all diesen Schätzen ein Korsett nähen kann, mussten noch weitere Ideen her. Besonders Accessoires und hübsche Kleinigkeiten haben es mir angetan: Täschchen, Haarschmuck und Stulpen, die ich euch hier vorstelle. Und da man ja (leider) nicht alles selbst behalten kann, entstand schließlich die Idee mit dem DaWanda-Shop – und irgendwann werde ich euch dort meine selbstgefertigten Korsetts präsentieren.

 Atemraub

 https://de.dawanda.com/shop/Atemraub

www.atemraub.de

/atemraubcorsets

KURZER ROCK

AUS CLOQUÉ-JERSEY

ⓘ Tipp: Für einen schönen, lockeren Fall sollten die Stoffe bielastisch sein und einen hohen Viskoseanteil haben.

ANLEITUNG

Zuschnitt: Den Cloqué-Stoff auf der Hälfte falten. Aus dem doppelt liegenden Stoff nun zwei Rechtecke (70 cm x 37 cm) ohne weitere Nahtzugabe zuschneiden. Hüftpasse aus der Schnittvorlage ebenfalls zweimal zuschneiden, ringsum 1 cm Nahtzugabe geben. Hüftpasse noch einmal doppelt mit Viskose-Jersey zuschneiden, wobei hier die Nahtzugabe am unteren Rand entfällt.

Seitennähte schließen: Die Schnittteile rechts auf rechts legen, feststecken und die Seitennähte sowohl an den zwei Hüftpassen als auch an den Rockbahnen mit der Overlock schließen.

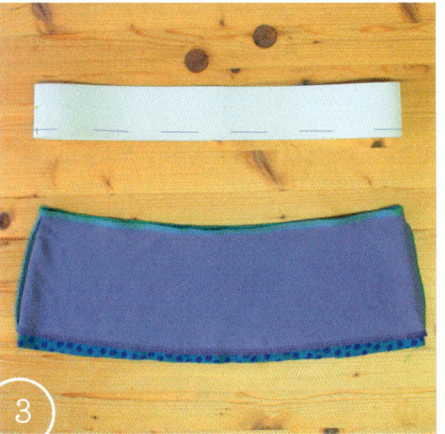

Hüftpassen zusammennähen: Die beiden Hüftpassen rechts auf rechts aufeinanderlegen und an den Seitennähten als auch hinten und vorne in der Mitte feststecken. An der oberen Kante mit der Overlock zusammennähen. Die untere Kante des Innenstoffs ringsum mit der Overlock versäubern. Das Gummiband an einer Seite mit dem Handmaß auf 7,5 cm markieren, am besten mit einem Kugelschreiber. Gummiband 1 cm überlappend zusammennähen (normale Nähmaschine).

MATERIAL

- Schnittmuster in Größe 38/40 (fertige Länge 48 cm)
- Cloqué-Jersey für außen: 75 x 150 cm
- Viskose-Jersey für Hüftpasse: 25 x 150 cm
- Weißes Gummiband, 80 cm, mindestens 5 cm breit
- Satinband für zwei Aufnäher: 35 cm

WERKZEUG

- Nähmaschine
- Stoffschere
- Stecknadeln oder Klammern
- Schneiderkreide

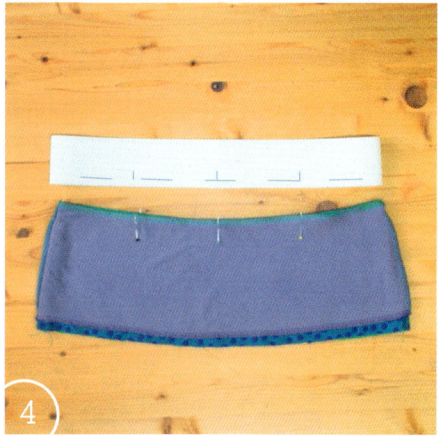

Gummiband vorbereiten: Nun das Gummiband in acht gleich große Abschnitte einteilen und mit einem Kugelschreiber markieren. Die Hüftpasse auf der linken Seite am oberen Rand mit Stecknadeln ebenfalls in acht gleich große Abschnitte einteilen.

KLAMOTTENWERKSTATT

„Schönheit ist das gelungene Zusammenspiel zwischen Kleid und Körper", von Friedrich Schiller

In meinem kleinen, aber feinen Nähatelier im Südschwarzwald fertige ich maßgearbeitete Kleidung und Accessoires. Als Allrounderin im Schneiderhandwerk umfasst mein Repertoire sowohl eigene Entwürfe als auch Auftragsarbeiten nach Mustervorlagen und nicht zuletzt Änderungs- und Reparaturdienste. Großen Wert lege ich auf hochwertige und natürliche Stoffe. Mit guten Materialien und sorgfältiger Verarbeitung wird ein maßgefertigtes Kleidungsstück zu einem treuen Begleiter.

Etwas Besonderes sind meine Kleidungsstücke aus Cloqué-Jersey-Stoffen, die nach ÖKOtex 100-Richtlinien in Baden-Württemberg hergestellt werden. Die Cloqué-Stoffe sind auch für Selbermacher in meinem DaWanda-Shop erhältlich.

Neben meiner handwerklichen Kreativität bin ich auch als Chanson-Sängerin zusammen mit meinem Lebensgefährten aktiv: www.tavernenlieder.de

Für dieses Buch stelle ich euch einen kurzen Rock aus Cloqué-Jersey vor. Die breite Hüftpasse und der schöne Fall des Cloqué-Jerseys geben dem Rock ein frisches Styling.

KLAMOTTENWERKSTATT

Klamottenwerkstatt
https://de.dawanda.com/shop/Klamottenwerkstatt
/klamottenwerkstatt.ibach

Gummiband annähen: Die obere Kante der Hüftpasse mit der Nahtzugabe auf dem Gummiband feststecken und dabei darauf achten, dass die jeweiligen Markierungen aufeinandertreffen. Mit der Coverlock oder mit der normalen Nähmaschine im Zickzackstich das Gummiband wie abgebildet befestigen.

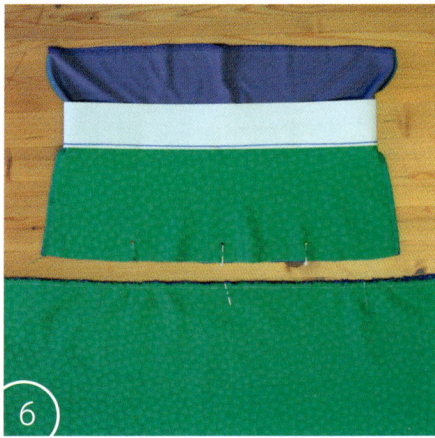

Vorbereitung zum Zusammennähen: Das Rockteil mit der normalen Nähmaschine oben mit 1 cm Abstand mit größter Stichlängeneinstellung absteppen, jeweils aber nur eine Hälfte, die Naht nicht sichern und den Faden etwas länger hängen lassen. Diese Kante nun wieder mit Stecknadeln in acht Abschnitte einteilen, genauso wie das Cloqué-Teil der Hüftpasse.

Einreihen der Rockbahn: Mithilfe des Steppfadens nun die Rockbahn einreihen und rechts auf rechts an der Hüftpasse feststecken. Seitennaht auf Seitennaht und die jeweiligen Stecknadelmarkierungen aufeinander fixieren.

Zusammennähen von Hüftpasse und Rockbahn: Nun mit der Overlock die beiden Rockteile aneinandernähen. Den eingereihten Stoff oben liegend annähen und darauf achten, dass die Falten schön gefasst werden.

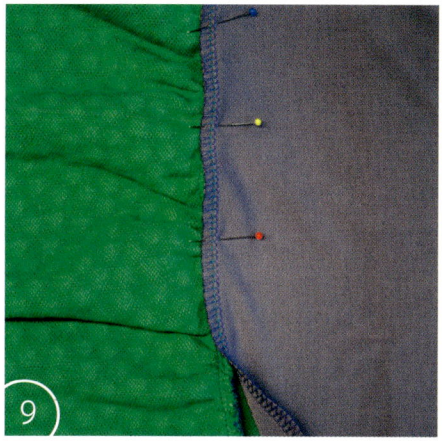

Befestigen des Innenstoffs der Hüftpasse: Die versäuberte Kante der inneren Hüftpasse direkt auf der Overlocknaht feststecken, am besten wieder von den Seitennähten und den jeweiligen Stoffmitten aus die Stecknadeln ringsum in kurzen Abständen stecken, damit der Stoff sich möglichst wenig verschieben kann.

Hüftpasse absteppen: Die Hüftpasse vorsichtig von rechts circa 5 mm breit absteppen, entweder mit der Coverlock oder mit einer Zwillingsnadel an der normalen Nähmaschine.

Seitennähte fixieren: Die Seitennähte der Hüftpasse von rechts über die Breite des Gummibands feststeppen (dadurch verrutscht der Stoff später nicht beim Anziehen).

Aufhänger anbringen und säumen: An den Seitennähten der Hüftpasse die Aufhänger anbringen. Die untere Rockkante mit der Overlock versäubern und einen 1,5 cm breiten Saum absteppen, entweder mit der Coverlock oder mit einer Zwillingsnadel auf der normalen Nähmaschine.

1

Schneide in Deiner gewünschten Größe (Nahtzugabe im Schnitt enthalten) jeweils zwei Trapeze aus Deinen beiden Lieblingsstoffen aus. Lege Stoff 1 rechts auf rechts, stecke eine Längsseite zusammen. Lege Stoff 2 rechts auf rechts, stecke eine Längsseite zusammen.

ℹ Hier wäre nun Platz für Dein Label, Samtband, Webband oder ähnliches.

2

Schließe die Längsseiten.

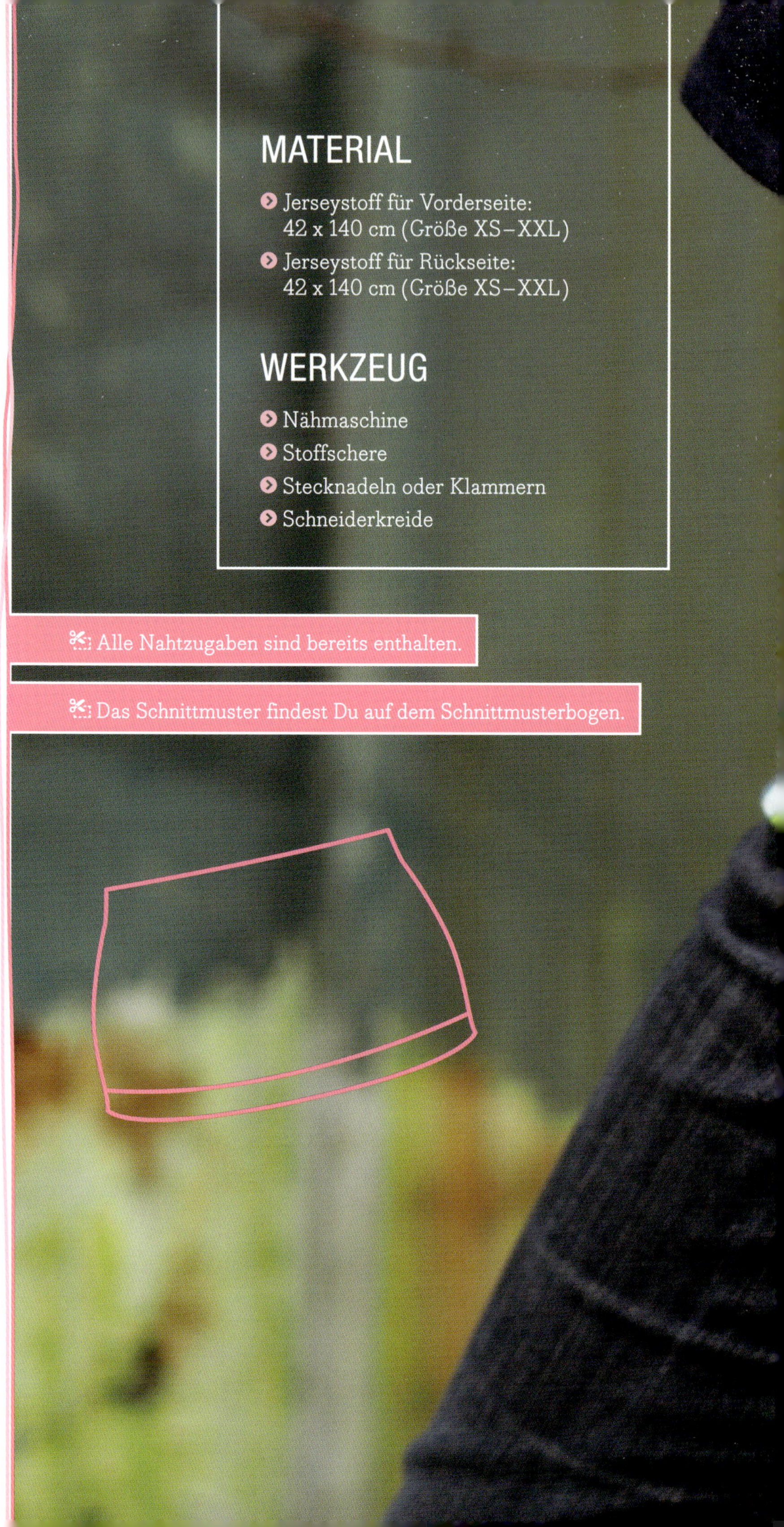

MATERIAL

❯ Jerseystoff für Vorderseite:
42 x 140 cm (Größe XS–XXL)
❯ Jerseystoff für Rückseite:
42 x 140 cm (Größe XS–XXL)

WERKZEUG

❯ Nähmaschine
❯ Stoffschere
❯ Stecknadeln oder Klammern
❯ Schneiderkreide

✂: Alle Nahtzugaben sind bereits enthalten.

✂: Das Schnittmuster findest Du auf dem Schnittmusterbogen.

NIERENWÄRMER

Solltest Du den Wärmer vorzugsweise als Rock tragen, wähle eine Nummer größer zu Deiner normalen Konfektion.

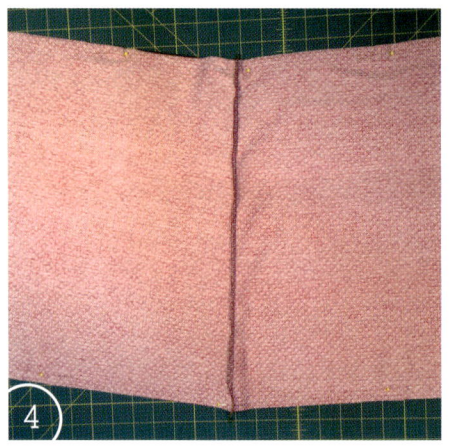

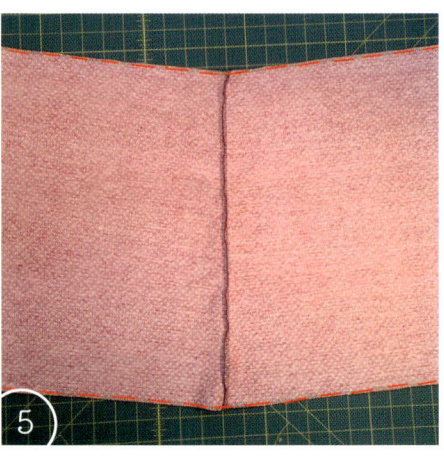

Lege nun die beiden Stoffe rechts auf rechts passgleich aufeinander.

Stecke erst die Ober- und dann die Unterkanten zusammen. Achte dabei darauf, dass die Längsseiten sich treffen.

Schließe die Oberkanten und die Unterkanten.

Stülpe den Schlauch rechts auf rechts ineinander, sodass die identischen Stoffe jeweils aufeinander und die offenen Schnittkanten bündig liegen.

Stecke nun die offenen Schnittkanten zusammen und lasse eine Wendeöffnung von mindestens 5 cm frei.

Schließe den Ring und wende den Nierenwärmer durch die Wendeöffnung.

ⓘ Testet den Nierenwärmer doch auch mal als Minirock, als Top, als Schlauchschal, als Hüftschmeichler, Po-Manschette oder Unterhemdersatz!

9

Die Nahtzugaben der Wendeöffnung nach Innen einschlagen, feststecken und per Matratzenstich oder einer knappkantigen Naht schließen.

10

Fertig ist Dein Nierenwärmer! Durch das Verschieben der Stofflagen erzielst Du einen schönen Trageeffekt.

STOFF-WECHSEL

Stoffwechsel ist ein kleines Label aus dem hohen Norden, kurz vor der dänischen Grenzen. Hier zwischen Nord- und Ostsee gibt es kaum einen Tag ohne Wind. Um diesem Klima zu trotzen, wünschte Lisa (die Tochter) sich einen Nierenwärmer. Der sollte nicht nur wärmen, sondern gleichzeitig ein hübsches und modisches Accessoire sein.

Mit alten T-Shirts testeten wir (Lisa und Anja) unsere erste Schnittidee, bis ein Nierenwärmer entwickelt war, der genau diesem Wunsch entsprach.

Vom Tragekomfort, den vielfältigen Anwendungsmöglichkeiten und der schönen Optik dieses Produktes waren wir so begeistert, dass wir unseren Nierenwärmer gerne auch anderen anbieten wollten.

Unsere ersten Nierenwärmer verkauften wir erfolgreich bei DaWanda und gingen weiter unseren erlernten Berufen nach.

Wunderschöne Patchwork-Schals, Beanies, Pulswärmer und die beliebten doppeltlangen Stirnbänder, allesamt in liebevoller Handarbeit von uns gefertigt, erweiterten sehr schnell unser Angebot. Wir begannen, unsere Produkte auch auf Kunsthandwerkermärkten und „Home-Partys" zu vertreiben. Außerdem wuchs ein Stamm an Kommissionspartnern. Zunächst gab Anja im Jahr 2009 ihren Beruf auf, um sich mit dem ursprünglichen Hobby selbstständig zu machen. Lisa folgte kurze Zeit später. So entstand aus der Leidenschaft fürs Nähen unsere neue Existenz. Wir vertreiben unsere Produkte weiterhin und haben vor 2 Jahren außerdem einen Stoffladen (http://stoffwechsel-meterweise.de/) eröffnet.

🛍 stoffwechsel

🛒 https://de.dawanda.com/shop/stoffwechsel

👩 www.stoffwechsel-as.de

f /stoffwechsel.de

MATERIAL

- Jerseystoff : 100 x 145 cm + 30 x 145 cm (für Bündchen)
- Passendes Garn

WERKZEUG

- Papierschere
- Stoffschere
- Maßband und/oder Lineal
- Schneiderkreide
- Stecknadeln oder Klammern
- Overlock- oder Nähmaschine (mit Steppstich)
- Jerseynadeln
- Bügeleisen

CARDIGAN

ANLEITUNG

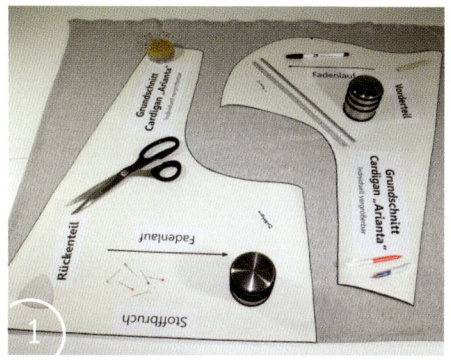

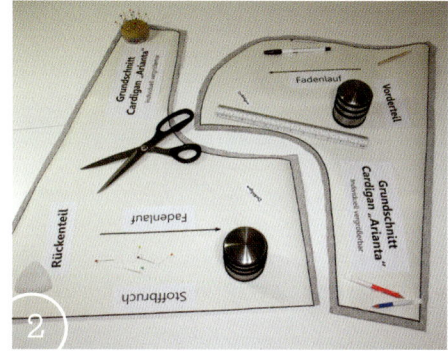

Lege die Gesamtbreite von ca. 1,45 m rechts auf rechts zusammen, sodass die linke und rechte Webkante aufeinander liegt. Dadurch entsteht der sogenannte „Stoffbruch" – in Richtung Fadenlauf. Nun legst Du das Rückenteil des Schnittmusters, wie abgebildet, mit der Beschriftung Stoffbruch genau an den Bruch Deines Stoffes. Da das Rückenteil nicht durch eine senkrechte Naht miteinander verbunden werden muss, wird an dieser Stelle auch keine Nahtzugabe zugegeben. Der richtige Fadenlauf ergibt sich somit automatisch. Danach legst Du das Vorderteil ebenfalls, wie abgebildet, auf den Stoff. Dabei sollte der Fadenlauf von Vorder- und Rückenteil beachtet werden.

Jetzt steckst Du die Schnittmuster-Teile mit Stecknadeln auf dem Stoff fest. Manchmal können hier gegen das Verrutschen kleinere Gewichte von Vorteil sein. Anschließend zeichnest Du bis auf die Seite mit dem Stoffbruch 1 cm Nahtzugabe an das Vorder- und Rückenteil.

Schneide bei dem Rückenteil jeweils oben und unten den Bruch max. 2–3 mm auf. Dieser sogenannte Knips ist eine Markierung und kann z. B. beim Annähen von Bündchen sehr hilfreich sein. Das Gleiche machst Du nun ebenfalls an der Rundung (siehe Markierung Schnittmuster) am Vorderteil. Ein Knips sollte sichtbar, aber so klein wie möglich sein. Er darf keinesfalls tiefer als die Nahtbreite ausfallen!

✂ Das Schnittmuster findest Du auf dem Schnittmusterbogen.

Nun kannst Du die Schnittmuster-Teile wieder entfernen, beide Vorderteile (rechts auf rechts) auf das aufgeklappte Rückenteil legen und, wie abgebildet, die Armober-und Unterseiten inklusive der Seiten-„Nähte" zusammenheften. Danach kannst Du diese Seiten zusammennähen und die Jacke wenden.

Zeichne Dir auf die linke Seite Deines dafür vorgesehenen Stoffes die Bündchen mit den vorgegebenen Maßen auf. Beide werden jeweils 2 x benötigt und beinhalten bereits die Nahtzugabe. Zur Vereinfachung kann man auch hier wieder die Gesamthöhe des Stoffes von ca. 30 cm (rechts auf rechts) auf Bruch legen, sodass man einen ca. 15 cm hohen und ca. 145 cm breiten Streifen vor sich liegen hat. Darauf passen beide Bündchen (lang + kurz) nebeneinander.

Lege nun die langen Bündchen-Streifen rechts auf rechts zusammen und verbinde die jeweils kurzen Seiten mit Stecknadeln. Bei den kurzen Armbündchen ist die Vorgehensweise anders. Hier legst Du jeweils nur das eine Bündchen (rechts auf rechts) auf Bruch und heftest diese ebenfalls zusammen. Jetzt kannst Du die Bündchen alle nacheinander mit der Maschine schließen. Bei Streifenmustern sollte man auf die Streifen achten!

Anschließend kannst Du alle drei Bündchen auf rechts wenden und in der Höhe „halbieren" bzw. auf Bruch legen, sodass sie doppellagig links auf links liegen. Am besten bügelt man jetzt den Bruch der Bündchen einmal schön flach. So verzieht es sich nicht mehr ganz so einfach und lässt sich besser verarbeiten.

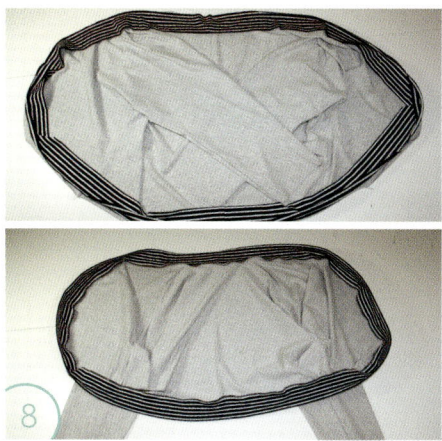

Danach legst Du die Jacke mit der rechten Seite nach oben auf eine glatte Fläche und steckst das Bündchen mit der offenen Seite nach außen zeigend rundherum fest, sodass man drei über-einanderliegende Stofflagen sehen kann. Am besten beginnt man damit, die Schließnähte der Bündchen an den zwei Knipsen des Rückenteils festzustecken. Achte dabei darauf, dass die Knipse an dem langen Bündchen mit den Knipsen der Rundungen an den Vorderteilen übereinstimmen. Dabei ent-stehen am Halsausschnitt zwei kleine Ecken, die mit der Schere begradigt werden. Nun kannst Du das Bündchen an die Jacke nähen.

Zum Schluss brauchst Du nur noch die kurzen Bündchen über die Ärmel zu schieben, sodass man auch hier die drei übereinanderliegenden Stofflagen sieht. Jetzt kannst Du die Bündchen bei Bedarf mit Stecknadeln an die Ärmel hef-ten und annähen. Hierbei müssen die Bündchen-Schließnähte jeweils mit den unteren Ärmel-Schließnähten aufeinander-treffen und die Knipse in den Bündchen mit den oberen Ärmel-Schließnähten.

Zuletzt werden nur noch die Ärmelbünd-chen heruntergeschlagen und fertig ist die Jacke/Cardigan.

ANGENEHMES TRAGEGEFÜHL

Mein Name ist Juliette Voitel, ich bin 33 Jahre alt, gelernte Modenäherin und wohne im erzgebirgischen Aue. Seit 2009 bin ich mit Leidenschaft in diesem Beruf selbstständig und verkaufe über mein Label „Ju&Vogue" eigens handgefertigte Einzelstücke, wobei mir der Tragekomfort und die qualitative Verarbeitung meiner Produkte ganz besonders am Herzen liegen.

Zudem gebe ich auch Einzelkurse für Nähanfänger.

Angefangen habe ich mit Bekleidung und Accessoires aus verschiedenen Materia-lien. Da ich als naturverbundener Mensch aber leidenschaftlich gern mit Jersey aus Baumwolle-und Viskose/Elasthan arbeite und er ein super angenehmes Tragegefühl vermittelt, konzentriere ich mich seit dem Frühjahr 2016 fast ausschließlich nur noch auf Mode aus diesem hautfreundlichen Ma-terial. Zur Abwechslung arbeite ich aber auch sehr gern mit Wollstoffen, Filz und Ähnlichem.

Ju&Vogue

Ju & Vogue
https://de.dawanda.com/shop/JV3
www.ju-vo.de

TOP MIT
ACHTERKNOTEN

MATERIAL

- ❯ Jerseystoff, 140 x 110 cm
- ❯ Top als Vorlage
- ❯ Farblich passendes Garn

WERKZEUG

- ❯ Stecknadeln
- ❯ Maßband
- ❯ Stoffschere
- ❯ Nähmaschine, ggf. Overlock-Maschine

ANLEITUNG

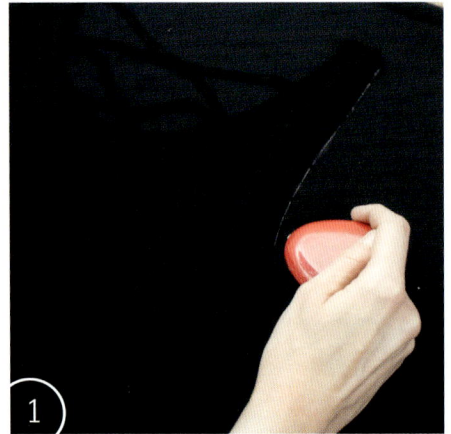

Top abpausen: Den Jersey schneidest Du im Stoffbruch zu, d. h. der Stoff liegt doppelt. Verwende als Vorlage ein Top, das Dir gut passt, und übertrage diesen Schnitt mit Malerkreide auf Deinen Jerseystoff.

Stoff zuschneiden: Anhand der Linien schneidest Du dann das Top aus. Bedenke, dass Du beim Schneiden etwa 1 cm Luft zur aufgezeichneten Linie lässt – als Nahtzugabe.

Rückenteil anpassen: Da es sich um ein rückenfreies Top handelt, benötigst Du für das Rückenteil nur ein rechteckiges Stück Stoff. Schneide dafür den oberen Teil (inkl. der Träger) in Achselhöhe ab, wie auf dem Foto zu sehen.

Abstecken: Bevor Du Vorder- und Rückenteil zusammennähen kannst, musst Du zunächst beide Teile einzeln abstecken ...

Versäubern: ... und dann versäubern. Hierfür verwendest Du am besten eine Overlock-Maschine oder einen elastischen Zickzackstich. Achte darauf, den Jersey dabei nicht zu dehnen, da Du sonst eine wellige Naht erhältst.

Zusammenstecken: Wenn Du damit fertig bist, steckst Du Vorder- und Rückenteil rechts auf rechts mit Stecknadeln aufeinander.

Zusammennähen: Nähe beide Teile wiederum mit der Overlock-Maschine oder einem Zickzackstich zusammen und wende das Top.

Träger zuschneiden: Nun kommen die Träger an die Reihe. Für diese schneidest aus Deinem Jersey zwei Stoffstreifen zu, etwa 40 bis 50 cm lang und 20 cm breit.

Träger stecken: Beide Stoffstreifen faltest Du in der Mitte rechts auf rechts, sodass ein Schlauch entsteht. Befestige alles mit Stecknadeln.

Schlauch nähen: Diesen Schlauch nähst Du nun zusammen.

Träger wenden: Danach wendest Du den Schlauch, sodass die rechte, schöne Stoffseite wieder außen liegt.

Achterknoten legen: Verbinde nun beide Träger zu einem Achterknoten. Auf dem Bild siehst Du, wie Du die beiden Stränge anordnen musst.

Knoten zusammenziehen: Ziehe dann den Knoten mit beiden Händen vorsichtig zusammen.

Zurechtzupfen: Danach kannst Du den Achterknoten etwas zurechtzupfen, sodass er am Ende schön aussieht. Wichtig ist hierbei, dass der Knoten nicht in der Mitte liegt, sondern die Stränge an einem Ende etwa doppelt so lang sind wie am anderen Ende (siehe nächstes Foto).

Träger versäubern: Wenn Dein Knoten schön aussieht und Du damit zufrieden bist, versäubere die Träger. Schlage dafür die Enden der Träger jeweils nach innen ein und befestige alles mit Stecknadeln. Wenn Deine Träger noch zu lang sein sollten, hast Du zwei Möglichkeiten: Entweder Du kürzt Deine Träger mit einer Stoffschere auf die richtige Länge oder Du schlägst einfach mehr Stoff nach innen ein.

EINE ART MEDITATION

Ich bin Melanie, 25 Jahre alt, und studiere Strategische Kommunikation. Neben Musik, Fotografie und Yoga ist aber DIY eine meiner größten Leidenschaften. Ob nähen, stricken, kochen, basteln – Hauptsache meine Hände sind in Bewegung. Mir die Zeit nehmen, Dinge selber zu gestalten, ist für mich eine Art der Meditation. Um meinen Blog http://stilverzueckt.blogspot.de/ regelmäßig mit neuen Ideen zu befüllen, lasse ich mich unheimlich gerne von Büchern, Zeitschriften und anderen Blogs inspirieren. Denn um kreativ zu sein, muss man nur die Augen ein bisschen aufhalten.

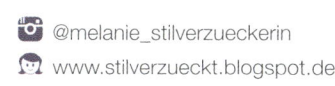

@melanie_stilverzueckerin

www.stilverzueckt.blogspot.de

Träger an Top nähen: Jetzt kannst Du die Träger, wie abgebildet, an Dein Top nähen. Durch die vielen Lagen kann es sein, dass Du dies per Hand tun musst. Die kürzeren Trägerenden befestigst Du am Rückenteil.

Die längeren Trägerenden nähst Du an das Vorderteil. Schlage hierfür die breiten Trägerenden um die schmaleren Träger des Vorderteils herum und vernähe beides. Achte darauf, dass die Mittelnaht der Trägerenden auf der Innenseite liegt.

Saum nähen: Jetzt bist Du fast fertig. Der letzte Schritt ist der Saum. Stecke diesen vorher mit Nadeln ab und versäubere das Top einmal rundherum.

REISSVERSCHLUSS
SCHAL

MATERIAL

- 1 x Jerseystoff : 34 x 140 cm
- 1 x Sweatstoff : 34 x 140 cm
- Passendes Garn
- Reißverschluss 30 cm, teilbar
- „Tüddelkram" wie z. B. Paspel-
  bänder, Webbänder, zusätzliche
  Reißverschlüsse (siehe hierzu
  auch „Varianten")

WERKZEUG

- Stoffschere
- Maßband und/oder Lineal
- Schneiderkreide
- Stecknadeln oder Klammern
- Overlock- oder Nähmaschine
  (mit Steppstich)
- Jerseynadeln
- Bügeleisen

ANLEITUNG

Schneide Dir zwei Stoffe, die die Vorder-
und Rückseite des Loops ergeben, zu.

✂ Alle Nahtzugaben sind bereits enthalten.

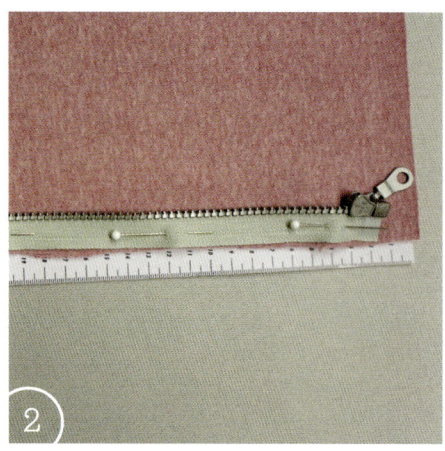

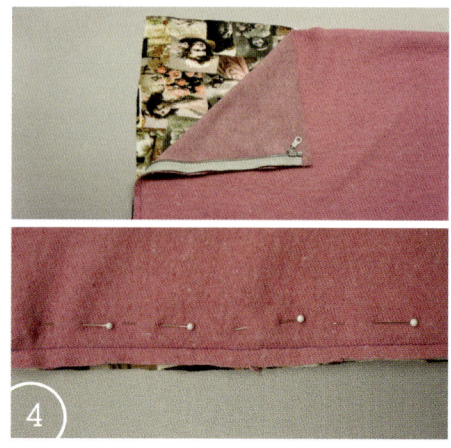

Lege Dir darauf nun den Reißverschluss und stecke ihn fest. Dabei zeigt die Vorderseite des Reißverschlusses zur rechten Seite des Stoffes. Der Reißverschluss muss ca. 1,5 cm vom Rand entfernt festgesteckt werden. Das obere Ende des Reißverschlusses wird nach oben zur Rückseite des RV umgeschlagen.

Nähe ihn nun mit einem Reißverschlussfüßchen fest. Das Ganze auf der anderen kurzen Seite wiederholen.

Lege nun den gerade mit dem Reißverschluss versehenen Stoff auf die andere Stoffbahn rechts auf rechts und stecke ihn fest.

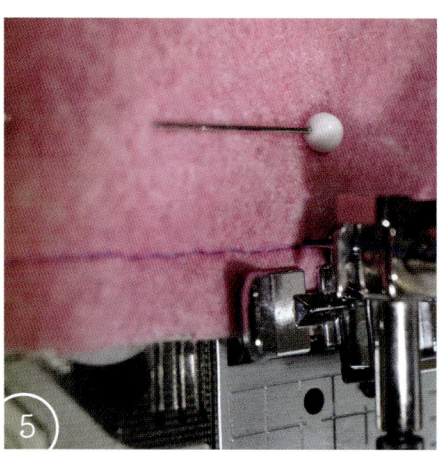

Steppe nochmals über die gerade gesteppte Naht.

Jetzt noch die beiden langen Seiten aufeinanderstecken und zunähen. Lasse hierbei nach ca. 30 cm eine etwa 6 cm lange Wendeöffnung.

Schneide jetzt die Ecken des Loops leicht zurück.

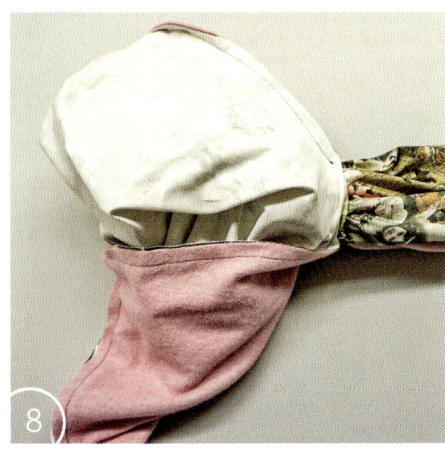

8

9

Wende Deinen Loop nun über die Öffnung …

… und nähe die Öffnung von Hand mit einem Matratzenstich zu.
Den Loop nun von vorne um den Hals legen …

10

… und im Nacken überkreuzen.
Die Enden wieder nach vorne führen, Reißverschluss schließen und etwas zurecht zupfen.

DriemeS!
Inh. Sandra Heisler

STOFFSUCHT

„Niemals fasse ich eine Nähmaschine an!" – das war lange Zeit meine Devise, nachdem ich mehrmals bei meiner Schwester, die gelernte Damenschneiderin ist, entsetzt beim Auftrennen von misslungenen Nähten zugeschaut hatte. Aber irgendwann packte mich die „Stoffsucht" dann doch. Nach der Geburt meines Sohnes fing ich an, mir das Nähen selber mit kleinen Projekten wie Kissenhüllen und einfachen Täschchen beizubringen.

Bei DaWanda war ich schon länger als Kundin unterwegs und beschloss 2010 dann – nachdem ich auf einzelnen Kreativmärkten gute Resonanz für meine Werke sammeln durfte – einen Shop zu eröffnen. Dieser wurde zunächst ausschließlich mit selbstgenähten Loopschals, Lederpuschen für Kinder und Taschen bestückt. Inzwischen ist das DriemeS!-Sortiment um ein Vielfaches gewachsen und wurde auf Materialien rund ums Nähen und Maschinensticken umgestellt, da ich 2010 ein Geschäft in der Innenstadt von Altena (Westf.) eröffnet habe.

DriemeS!
 https://de.dawanda.com/shop/harvey
 /DriemeS

KRAGENSHIRT
LIEBELEIN

MATERIAL

- Jerseystoff
- Ggf. Bündchen
- Passendes Garn

WERKZEUG

- Nähmaschine
- Stoffschere
- Trickmarker oder ähnliches

✂ Alle Nahtzugaben sind bereits enthalten.

✂ Das Schnittmuster findest Du auf dem Schnittmusterbogen.

ANLEITUNG

Zuschnitt: 1 x Vorderteil (im Stoffbruch), 1 x Rückteil (im Stoffbruch) 2 x Ärmel (gegengleich), 2 x Kragen (gegengleich), eventuell: 1 x Bauchbündchen 2 x Armbündchen. Achtung bei den Ärmeln, diese musst Du gegengleich zuschneiden, sprich: einen spiegelverkehrt. Die Nahtzugabe ist mit 0,7 cm im Schnitt enthalten. 0,7 cm entspricht in etwa Deinem Nähfuß, daher führe ich den Stoff so, dass er an der Kante des Nähfußes entlanggleitet.

Wenn Du Unterteilungen im Schnitt vornehmen willst, z. B. an den Ärmeln, dann gehe wie folgt vor: Zeichne Dir auf das Schnittmuster im Abstand von z. B. 13 cm eine Parallele zur Saumkante. An dieser Stelle musst Du ober- und unterhalb eine Nahtzugabe dazugeben. Zeichne auf der Nahtzugabe jeweils drei Markierungen ein, die als Knipse dienen werden.

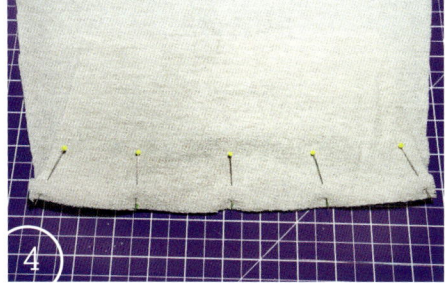

Lege Deinen Stoff rechts auf rechts mit den Markierungen übereinander und stecke ihn vor dem Nähen zusammen.

Damit die Naht im Inneren schön flach liegt, die Nahtzugabe absteppen.

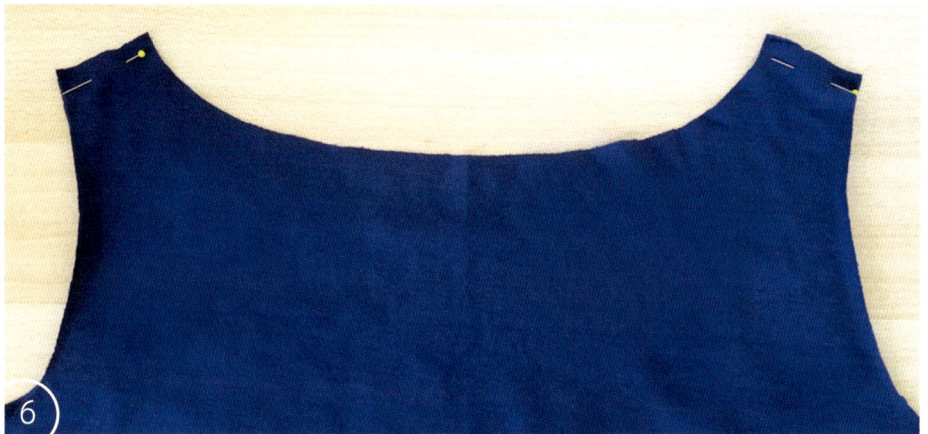

Als erstes werden die Schulternähte geschlossen. Dazu legst Du das Vorderteil und das Rückenteil rechts (schöne Stoffseite) auf rechts (schöne Stoffseite) aufeinander. Achte darauf, bis zum Ende zu nähen. Am Anfang und Ende Deiner Nähte das Verriegeln der Naht nicht vergessen!

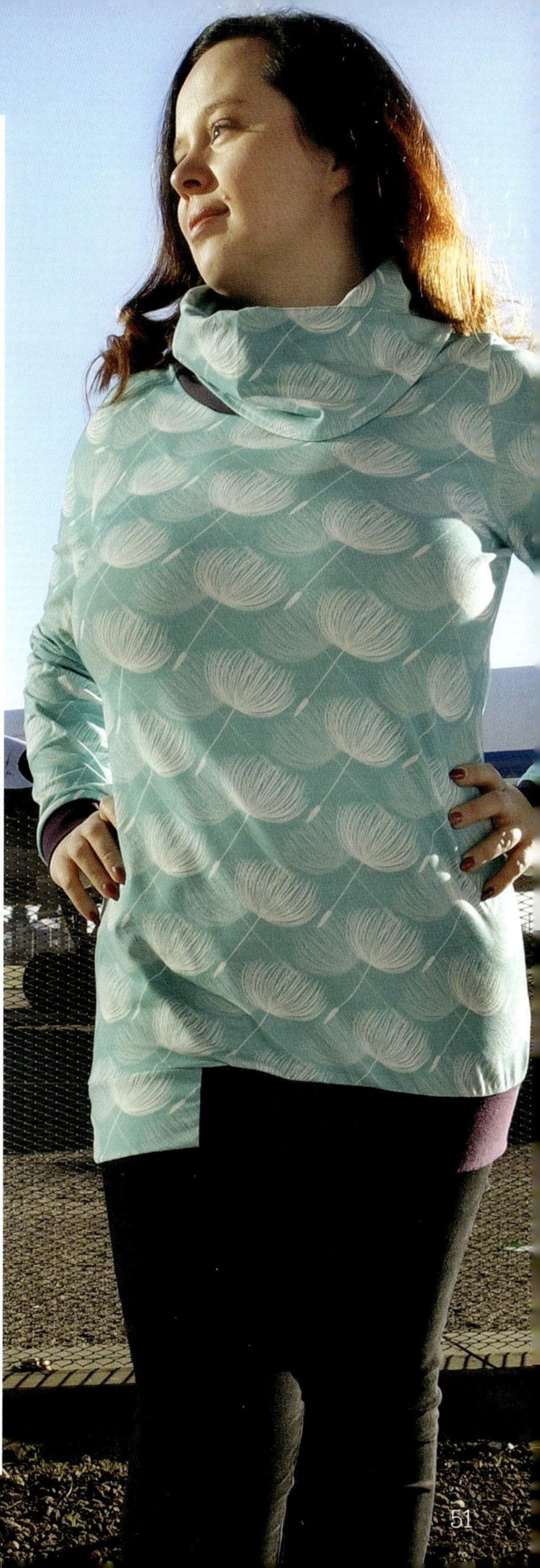

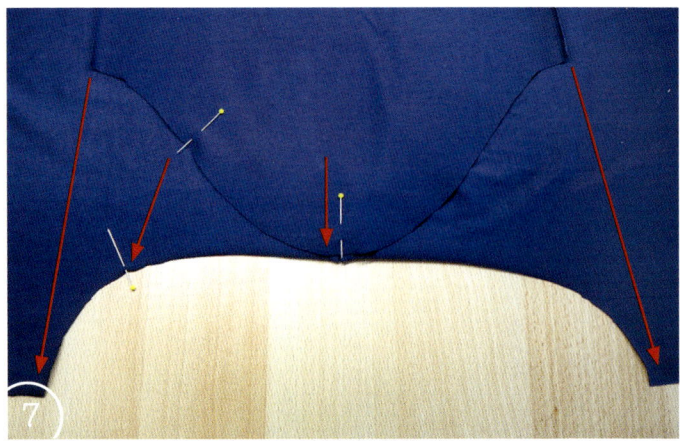

Schlage das Vorder- und Rückenteil wieder auseinander, dabei zeigen die Nähte nun nach unten (die rechte, schöne Stoffseite liegt oben).

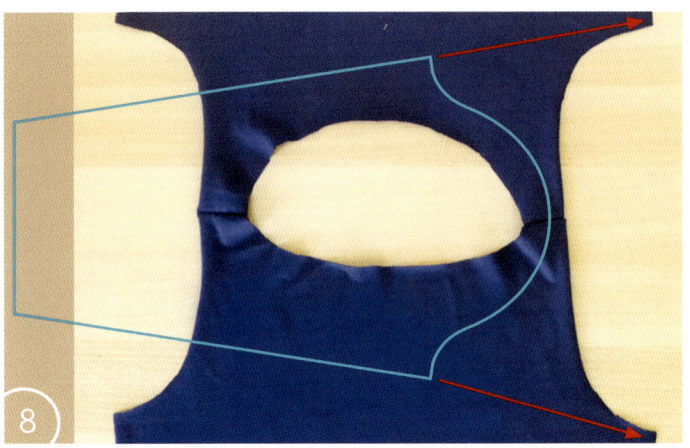

Um den Ärmel einzunähen, beachte die Knipse im Schnittmuster und markiere sie eventuell mit Stecknadeln. Der Ärmel liegt mit der rechten Seite nach unten auf Deinem Shirt, so positioniert wie im Bild. Stecke nun die Markierungen übereinander.

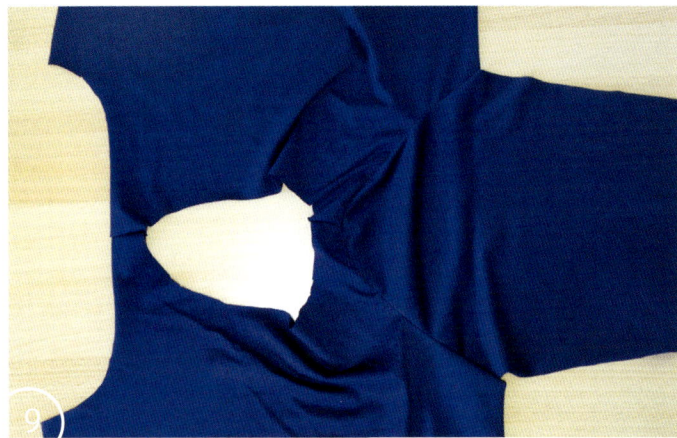

Nähe nun die Rundung in einem Zug, sodass es nachher so wie auf dem Bild aussehen sollte. Nun wiederholst Du dies bei dem 2. Ärmel.

Wenn beide Ärmel eingenäht sind, werden die Seitennähte geschlossen, dabei liegt der Stoff rechts auf rechts. Stecke dies vorher zusammen.

ℹ Beachte beim Zuschneiden auch das Muster. Je nachdem, ob das Muster innen oder außen vom Kragen sitzt, könnte es beim Tragen später Kopf stehen.

11 Achte darauf, dass bei der Achsel genau Naht auf Naht trifft. Anschließend in einem Zug nähen.

12 Das Shirt sollte nach dem Wenden so aussehen.

13 Um den Kragen zuzuschneiden, kann das Stoffmuster auch in der Mitte gefaltet werden, damit der Stoff im Bruch zugeschnitten werden kann. Allerdings sind die Knipse nicht im Bruch übertragbar! Der Kragen wird 2 x zugeschnitten, für innen und außen.

14 Der Innen- und Außenstoff wird rechts auf rechts aufeinandergesteckt, hier anhand des kleinen Kragens dargestellt.

15 Genäht wird nur die obere Seite, beginnend bei der einen Spitze über die Rundung bis zur anderen Spitze. Dieses Beispiel zeigt den großen Kragen.

ℹ Du kannst im Schnittmuster zwischen einem kleinen und dem großen Kragen wählen.

Nähe mit einem dehnbaren Stich, wie z. B. mit dem offenen Overlock-Stich.

Anschließend stülpst Du den Kragen um. Die rechte (schöne) Seite liegt nun vor Dir.

Die Kante schön ausarbeiten und anschließend absteppen. Zum Absteppen nutze ich gern den Blindstichnähfuß, so kann man die Naht in einem gleichbleibenden Abstand nähen.

Der Kragen wird ohne zu dehnen an den Halsausschnitt genäht. Begonnen wird mit der Spitze des Kragens, diese wird in Höhe der Schulternaht festgesteckt.

Die offene Seite des Kragens wird nun rings um den Halsausschnitt gesteckt. Der Innenstoff liegt dabei oben, der Außenstoff liegt rechts auf rechts auf dem Shirt.

Ringsherum feststecken. Vorn überkreuzt sich der Kragen ein Stück. An dieser Stelle sind 5 Stofflagen übereinander. Prüfe, dass Du alle Stofflagen festgesteckt hast und alle in einer Linie liegen.

Beginne mit dem Festnähen des Kragens an der Spitze, die oben aufliegt.

Um alle Stofflagen schön zusammenzufassen, nähst Du wieder mit dem Overlock-Stich. Nähe in einem Zug den Kragen fest und achte darauf, alle Stofflagen mit anzunähen.

Der angenähte (in diesem Beispiel kleine) Kragen sollte so aussehen.

Anschließend den Kragen nach oben klappen und die Nahtzugabe feststeppen, damit diese schön flach im Inneren liegt.

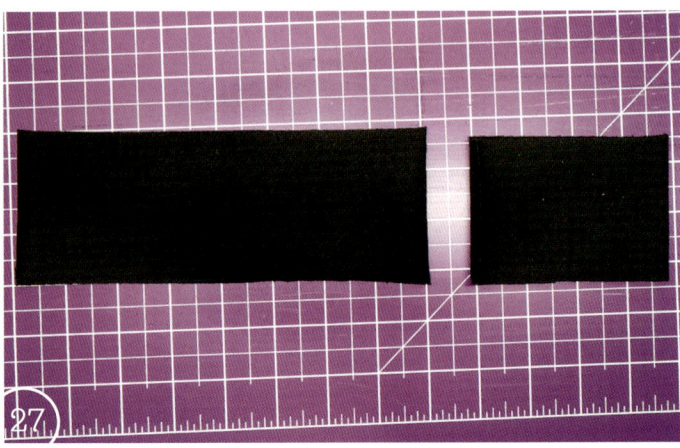

Der angenähte Kragen sollte so aussehen. Wichtig: Die äußere Spitze des Kragens sieht man in der Höhe der Schulternaht.

Für den Abschluss an Armen und Bauch kannst Du entweder 2 cm einschlagen und mit einer Zwillingsnadel oder einem Zierstich feststeppen oder auch ein Bündchen annähen.

Bündchen: Schneide Dir einen Stoffstreifen zu. Die Höhe ist variabel, in der Länge sollte es etwas kürzer sein als der Saum, an dem du es festnähen willst.*

*mein Ärmelsaum ist 22 cm, mein Bündchen habe ich auf 17 cm zugeschnitten (Mein Handgelenkumfang beträgt 16 cm).

Schlage es auf die Hälfte und nähe die kurze Seite zusammen, damit sich ein Ring bildet. Bügle die Nahtzugabe auseinander. Umstülpe dann Dein Bündchen zur Hälfte. Überprüfe vor dem Festnähen des Bündchens am Saum, ob sich das Bündchen auch über die gesamte Strecke Deines Saumes dehnen lässt.

Bündchen annähen: Stülpe das Bündchen über Deinen Ärmel, sodass die offenen Kanten des Bündchens Richtung Saum zeigen. Ich habe dazwischen noch eine dehnbare Spitze angeheftet. Dabei liegt die rechte Stoffseite vor Dir. Achte darauf, dass die Naht des Bündchens über der Ärmelnaht liegt. Dort beginnst Du mit dem Festnähen des Bündchens. Beim weiteren Vernähen des Bündchens musst Du den Stoff leicht dehnen (nicht den Stoff mitdehnen!). Verwende einen elastischen Stich, z. B. den offenen Overlockstich.

Für den langen Bund am Bauch kannst Du die Bündchen in Vierteln feststecken, d. h. zuerst an den Nähten und dann jeweils noch einmal auf der halben Strecke. So kann man immer ein Viertel nähen und dehnen. Das ist gerade für längere Bündchen gut geeignet, so ist es rundherum gleichmäßig gedehnt.

KREATIV, LUSTIG, NÄHVERRÜCKT

… und manchmal vielleicht ein bisschen zu penibel. Darf ich vorstellen: Das bin ich. Sandra, Gründerin von Prints4kids®.

Das Nähen lag bereits in meiner Wiege. Sowohl meine Mama als auch beide Omas haben dies gelernt. Gerade zu Fasching war es ein Ereignis, wenn ich neben meiner Mama am Tisch saß und sie selbst ihr Hochzeitskleid zerschnitt, um mein Kostüm zu nähen.

Hier kann ich mich kreativ austoben, mit lieben Menschen zusammenarbeiten und nach Herzenslust nähen, entwerfen und fotografieren – für mich die perfekte Kombination aus Leidenschaft und Beruf. So verbringe ich die meiste Zeit damit, Schnittmuster zu entwerfen, meine Idee vom Papier in Stoff zu verwandeln.

Von ganz simplen Nähsachen für Näheinsteiger bis hin zu aufwendigen Werken mit Abnähern und Belegen für die fortgeschrittenen Näherinnen – im Print4kids Shop gibt es für jeden Geschmack ein passendes Schnittmuster für die ganze Familie, ob jung oder alt.

Ich hoffe, dass meine Entwürfe auch euch Mut machen: Setzt euch an eure Nähmaschinen und näht euch eure Lieblingsstücke einfach selbst! Wenn ich mit meinen Schnittmustern, Ideen und E-Books dazu etwas beitragen kann, dann bin ich glücklich.

Print4kids®
https://de.dawanda.com/shop/print4Kids
/Print4Kids
www.print4kids.info

TELLERROCK
ZAZA

MATERIAL

- ❯ Jerseystoff, 120 cm x 160 cm
- ❯ 1 Rolle Nähgarn

WERKZEUG

- ❯ Stecknadeln
- ❯ Stoffschere
- ❯ Stickschere
- ❯ Maßband
- ❯ Nähmaschine
- ❯ Schneiderkreide

✂ Das Schnittmuster findest Du auf dem Schnittmusterbogen.

Zuschnitt: Den Jerseystoff für das Bündchen und den Rock vorne auf der Hälfte falten und im Stoffbruch zuschneiden, ringsherum (außer im Stoffbruch) 1 cm Nahtzugabe geben. Für den Rock hinten 2 x nach dem Schnittmuster zuschneiden.

Versäubern: Die zugeschnittenen Teile nun, außer am oberen Rand, mit einem kleinen Zickzackstich oder einer Overlocknaht umkanteln.

Hintere Rockteile zusammennähen: Die beiden hinteren Rockteile rechts auf rechts legen und mit einer Nahtzugabe von 1 cm zusammennähen. Die Naht anschließend auseinanderbügeln. Bündchen zusammennähen: Nun das Bündchen rechts auf rechts zusammenstecken, zusammennähen und die Naht wieder auseinanderbügeln.

Rockteile zusammennähen: Das vordere sowie das hintere Rockteil rechts auf rechts aufeinanderlegen, zusammenstecken, zusammennähen und wieder die Naht auseinanderbügeln.

ℹ Tipp: Passe ganz einfach das Schnittmuster für jede Größe an: Taille so ausmessen, dass das Bündchen nachher so eng wie möglich liegt, den Jersey in der gemessenen Weite nehmen und um die Taille zuhalten oder stecken, dann so über den Po ziehen, dass es nicht zu stramm darübergeht und diese Weite ganz einfach auf den Schnitt übertragen. Die Länge ab der Taille bis zur gewünschten Rocklänge messen und den Schnitt dementsprechend kürzen oder verlängern.

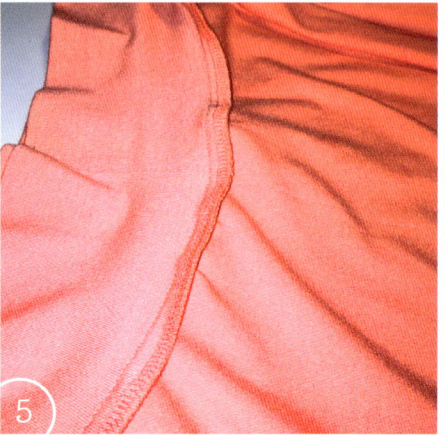

Bündchen vorbereiten: Das Bünd-chen an der Bruchkante umschlagen und mit der Bruchkante nach unten in den Rock schieben und feststecken.

Bündchen festnähen: Das Bündchen an der Naht so sehr dehnen, dass alle Lagen gespannt sind und nun mit einem kleinen Zickzackstich einnähen.

Die Kanten anschließend versäubern.
Den Saum mit leichtem Zug 1 cm nähen, glattbügeln und umdrehen.

GARNFREIHEIT

ANGELIKA SCHÜTZE

Ich lebe und arbeite in der schönen Stadt Hamburg mit dem nicht immer schönsten Wetter: genau das richtige Wetter, um im ganzen Jahr
Strick zu tragen. Nach dem Modestudium und einigen Ausflügen in
die Kostüm- und Fotowelt fing meineBegeisterung für das Stricken an
und so habe mich auf das Strickdesign spezialisiert. Denn es gibt
kaum etwas Schöneres, als aus weichen, edlen Garnen kuschelige Modelle zu entwickeln. Dass ich hier in diesem Buch lande, hat mich sehr
überrascht und gefreut.

Denn Strickmode verkauft sich hauptsächlich im Winter und da muss-
ten Alternativen für denSommer her. So entwerfe ich Modelle aus
Stoff passend zu kurzen Sommerpullovern oder ich kombiniere luftige
Strickmaschen mit weichem, fließendem Jersey in meinen Kleidern.
Et voilà, so entstand auch der Jersey Rock „ZAZA" als Kontrast zum
zottigen Frottee-Strickshirt „CLAIRE". Er ist ganz einfach und
schnell zu nähen und man kann gar nicht genug Varianten davon im
Schrank haben. Denn du kannst ihn in der Länge einfach verändern.
Je nach Länge entsteht auch ein neues Design. Frech kurz mit Piloten-
jacke oder lang im Boho Style. Wie wäre es mit mittellang im Büro?

Ich wünsche viel Spaß beim Nähen und der kreativen Stoffauswahl ...

GARNFREIHEIT
https://de.dawanda.com/shop/garnfreiheit
www.garnfreiheit.de
/garnfreiheit

JUMPSUIT

MATERIAL

- Elastikjersey, 145 x 170 cm
  (je nach Schnittmuster)
- Passendes Nähgarn

WERKZEUG

- Nähmaschine
- Stoffschere
- Stecknadeln oder Klammern
- Schneiderkreide

✂: Naht und Saumzugaben: Nähte und Kanten 1,5 cm, außer Taschenbeutel, Hals und Ärmelausschnitt.

ANLEITUNG

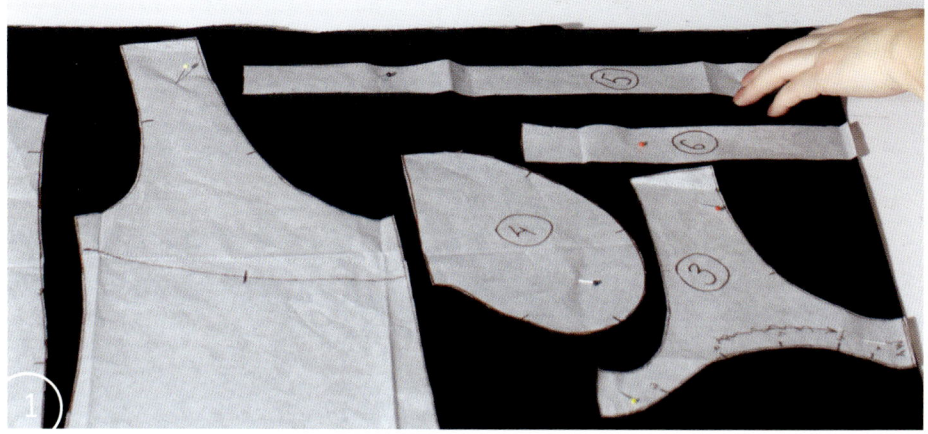

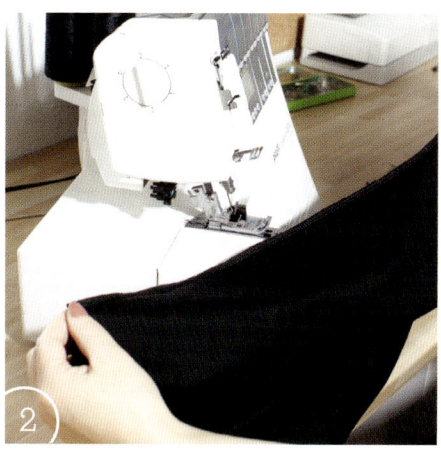

Zuschneiden: Schneide mithilfe des Schnittmusterbogens alle Teile sauber aus. Gib – außer beim Taschenbeutel und beim Hals- und Ärmelausschnitt – 1,5 cm Naht bzw. Saumzugabe dazu. Du müsstest nun 2 x Besatzstreifen für die Ärmel (3,5 x 44 cm), 1 Besatzstreifen für den Halsausschnitt (3,5 x 94 cm), 4 x Taschenbeutel, 2 x das Vorderteil, 2 x das Rückenteil sowie 1 x den Vorderbesatz im Stoffbruch vorliegen haben.

Nähen: Lege die zwei Vorderteile rechts auf rechts aufeinander, stecke diese fest und nähe sie bis zum Schritt mit dem Zickzackstich bzw. der Overlock zusammen (am Anfang und Ende der Naht verriegeln).

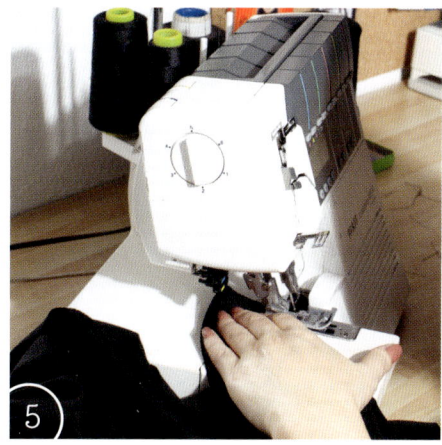

Nun kräuselst Du den Brustbereich vom Vorderteil. Lege den Vorderbesatz rechts auf rechts auf das Vorderteil, stecke es fest und nähe auch dieses mit dem Zickzackstich bzw. der Overlock zusammen.

Nimm Dir nun das Rückenteil vor. Lege die zwei Teile rechts auf rechts aufeinander, stecke sie fest und nähe diese bis zur Po-Naht zusammen (am Anfang und Ende der Naht verriegeln).

Jetzt werden die Schulternähte rechts auf rechts sauber festgesteckt und mit dem Zichzackstich bzw. der Overlock zusammengenäht.

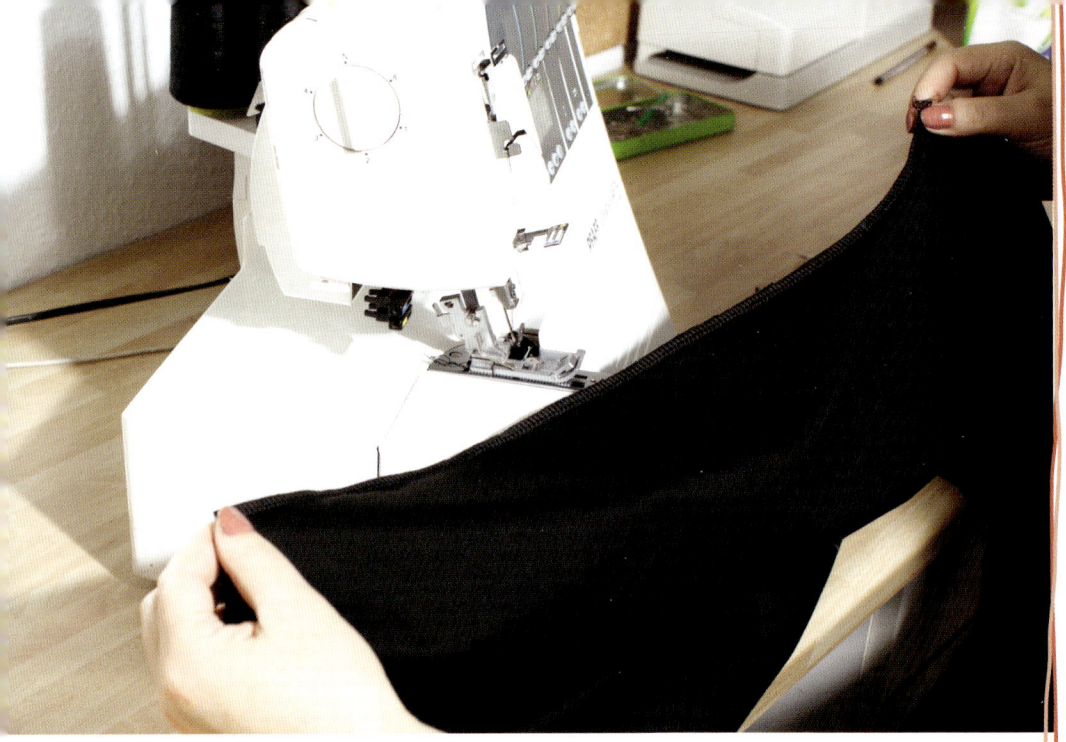

6) Nun lege den Taschenbeutel mit der geraden Kante im Bereich der Markierung rechts auf rechts auf das Vorderteil und nähe dieses füßchenbreit fest (linke und rechte Seite). Falte die Tasche nach außen (schöne Seite zeigt nach oben).

7) Nun nimmst Du das Gegenstück des Taschenbeutels, legst es rechts auf rechts auf das Rückenteil und fährst genauso fort wie bei Punkt 6.

8) Danach legst Du das Vorder- und Rückenteil rechts auf rechts aufeinander. Achte darauf, dass die Ansatznaht der Taschenteile genau aufeinanderliegt. Stecke die Seitennähte aufeinander fest und markiere Dir 1 cm von der oberen und unteren Kante der Tasche. Bis hierhin nähst Du die Seitenteile zusammen.

ⓘ Das Schnittmuster findest Du auf dem Schnittmusterbogen.

9 Stecke die beiden Taschenteile rechts auf rechts aneinander und nähe beide Taschenbeutel entlang der Rundung zusammen. Die Naht sollte genau an der Ansatznaht beginnen bzw. enden.

10 Nun nähst Du die Beininnennaht mit dem Zickzack- bzw. Overlockstich zusammen.

11 Ziehe den fast fertigen Jumpsuit auf rechts und schlage den Saum an den Hosenbeinen um 2 cm nach innen und steppe diesen mit der Zwillingsnadel ab.

12 Schließe die Besätze für den Halsausschnitt und Ärmel jeweils zu einem Ring. Diese längs mittig falten und mit der offenen Kante rechts auf rechts an den Halsausschnitt bzw. Ärmel nähen. Anschließend mit der Zwillingsnadel absteppen.

BEQUEM, SCHLICHT UND ZEITLOS

Wir bieten als junges Modelabel NARA® handgefertigte Unikate aus hochwertigem Material in verschiedenen Ausführungen und Farben erstklassiger Verarbeitung an.

NARA®-Design ist bequem, schlicht, sportlich, zeitlos und auch mal chic geschnitten – egal ob für den Alltag oder zu einem festlichen Anlass.

Die Marke richtet sich an Damen und Kinder, die auf der Suche nach dem besonderen Kleidungsstück sind, um sich den individuellen Wunsch nach etwas Speziellem erfüllen zu können.
NARA® bietet unterschiedlichste Modestile an, wobei die Kollektion hauptsächlich aus Einzelstücken oder kleinen Stückzahlen besteht, wird der Kundin auf den Leib geschneidert und ist trotz hoher Qualität bezahlbar.

Großen Wert legen wir auf professionelle Verarbeitung, angenehmen Tragekomfort und Material wie Baumwolle und Viskose. Damenoberbekleidung aus dehnbaren Jerseystoffen, bestehend aus Natur- und hochwertiger Kunstfaser, sind sehr bequem und elegant.

Unsere Tür steht für Menschen mit besonderen Wünschen immer offen.

NARA

Modeatelier-NARA
www.nara-fashion.com
https://de.dawanda.com/shop/nara-fashion
www.berlinerfashion.com

HAARBAND

ANLEITUNG

Jersey längs falten und mit einem Abstand von mindestens 1 cm zur offenen Kante mit den Stecknadeln aufeinanderheften.

Die offene Längskante mit einer Overlocknaht zusammennähen bzw. versäubern.

MATERIAL

- Jerseystoff: Ca. 26 x 52 cm
- Overlockgarn

WERKZEUG

- Maßband, Lineal, Schere oder Rollenschneider
- Stecknadeln
- Nähmaschine, ggf. Overlockmaschine

Die so entstandene Röhre auf rechts stülpen.

Die offenen kurzen Kanten rechts auf rechts mit einer Stecknadel an der bereits genähten Naht sauber aufeinanderheften.

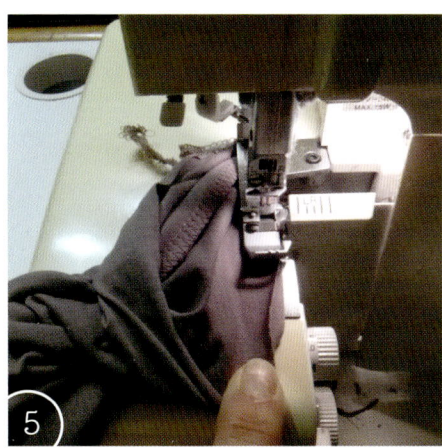

Die aufeinandergelegten Kanten von links rechts auf rechts bis auf ein Stück von ca. 5–7 cm mit der Overlockmaschine schließen.

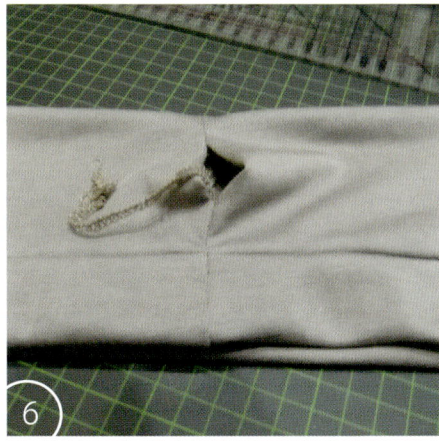

Teile komplett auf rechts ziehen, die offene Restnaht auf einer Nähmaschine zusammensteppen oder von Hand schließen.

EINZIGARTIG

Ich bin Heike von hcdesign, Mutter von vier Mädchen, die inzwischen, bis auf unser Nesthäkchen (12), alle erwachsen und ausgezogen sind. H&C-Design wurde 2011 aus Spaß am Handarbeiten gegründet. Neben Kind, Haushalt und Hund bleibt ein wenig Zeit, um mich meinem Hobby zu widmen, während mein Mann Thomas sich um den anfallenden Papierkram der Shops kümmert.

Neben Haarbändern aus Jersey findet man bei hcdesign unter anderem Beanies aus Jersey, Tuchmützen und einzigartige Baby- bzw Krabbeldecken aus Baumwollstoffen. Unser Motivstoff Baum wird zu wunderschönen Kinderdecken verarbeitet, die sehr beliebt sind.

Inzwischen haben wir neben unserem Da-Wanda-Shop auch einen eigenen Shop.

- hcdesign
- https://de.dawanda.com/shop/heikeh125
- www.heikekuess.blogspot.de
- www.hcdesign.de

MATERIAL

- 2 x Jerseystoff, 150 x 50 cm
- 2 x Jerseystoff, 100 x 30 cm
- Kordel für die Schlaufe und die Affenfaust

WERKZEUG

- Nähmaschine und Nähutensilien
- Passendes Garn
- Schere
- Nähkreide
- Nadeln oder Klammern

✂ Nahtzugabe von 1 cm bereits enthalten.

WICKELSCHAL
IM PARTNERLOOK
MIT AFFENFAUST

ANLEITUNG

Zuschnitt: Schneide Dir jeweils zwei Streifen von den Stoffen zu und lege sie für beide Schals auf rechts zusammen. Hefte sie mit Nadeln oder Klammern zusammen. Als Maße haben wir für den großen Schal 1,50 x 0,50 m und für den Kleinen 1 x 0,30 m.

Schlaufe einnähen: Die Schlaufe haben wir bei beiden Schals auf ca. 60 bis 70 cm auf der langen Seite eingenäht. Lege die Schlaufe mit den Enden nach außen, damit sie nach dem Umdrehen richtig herum ist. Die Schlaufe sollte zur Größe der Affenfaust, also zum Knoten, passen. Sie sollte nicht zu locker sein, damit der Knoten nicht so leicht herausrutscht.

Affenfaust anbringen: Nimm ein zweites Stück Kordel und knüpfe eine Affenfaust. Wie Du einen solchen Knoten machen kannst, erfährst Du im Kasten. Lege die Affenfaust dann in die der Schlaufe gegenüberliegende Ecke ein. Dort lässt Du auch einen Spalt für den Wendeausschnitt.

Zusammennähen: Nähe nun die Streifen zusammen und entferne dann alle Nadeln oder Klammern. Schneide die Nahtzugabe zurück und drehe den Stoff durch Wendeausschnitt um.

Wendeöffnung schließen und fertig-stellen: Schließe die Wendeöffnung und nähe mit der Maschine einmal außen herum. So wird die Kante schöner und es kann sich nichts verdrehen. Außerdem fixierst Du so noch einmal die Schlaufe und den Knoten.

Fertig: Wiederhole das Ganze für den zweiten Schal und schon kann es kalt werden. Ihr seid gewappnet!

Tipp: Du möchtest wissen, wie man einen Affenfaust-Verschluss macht? Schaue einmal hier: https://de.dawanda.com/do-it-yourself/basteln-und-gestalten/affenfaust-als-schluessel-anhaenger-knoten.

GRENZENLOS

Ich bin Produktdesignerin und großer Fan von unterschiedlichsten Materialien und deren Kombinationsmöglichkeiten. Dabei bin ich nicht festgelegt auf ein bestimmtes Material, sei es Holz, Acryl, Metall, Wolle oder Stoff. Den Ideen sind hier keine Grenzen gesetzt. Ich finde überall Inspiration und bin eigentlich immer dabei, Neues zu entwerfen und umzusetzen.

Marie von DaWanda
www.dawanda.com/do-it-yourself

HAREMSHOSE

MATERIAL

- Ca. 40 cm Jerseystoff mit Elasthan für Bauch-Bündchen
- Ca. 160 cm Jerseystoff mit Elasthan für Vorder-, Rückteil und Fußbündchen (keinen zu schweren Stoff verwenden!)
- Passendes Nähgarn

WERKZEUG

- Stoffschere
- Stecknadeln oder Klammern
- Nähmaschine mit elastischem Stich, ggf. Overlockmaschine

✂ Das Schnittmuster findest Du auf dem Schnittmusterbogen.

ANLEITUNG

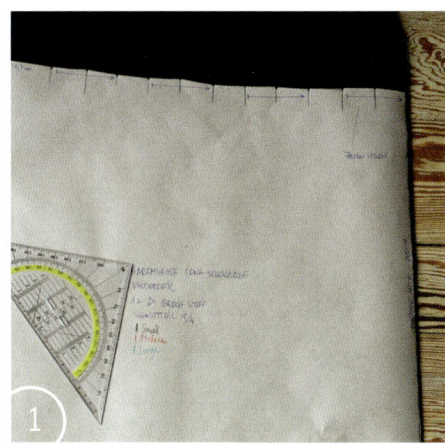

Stoff für Vorder- und Rückteil in Bruch legen und zuschneiden.

An Falten-Markierungen ein paar Millimeter einschneiden (nicht zu weit). Falten an Vorder- und Rückteil feststecken.

Falten an Vorder- und Rückteil feststecken.

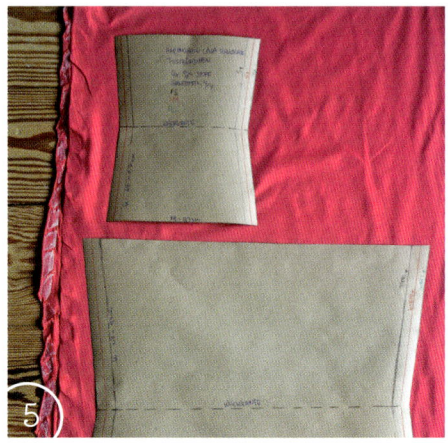

Stoff doppelt legen und Bauch- und Fuß-Bündchen zuschneiden (hier in pink).

Festgesteckte Falten mit breitem Stich locker feststeppen zum Fixieren (geht auch mit der Hand), dann Stecknadeln entfernen.

Vorder- und Rückteil und die beiden Teile des Bauch-Bündchens und der zwei Fuß-Bündchen jeweils an den Seitennähten bzw. auch an der Bein-Innennaht mit der Overlock-Maschine aufeinandersteppen (rechts auf rechts).

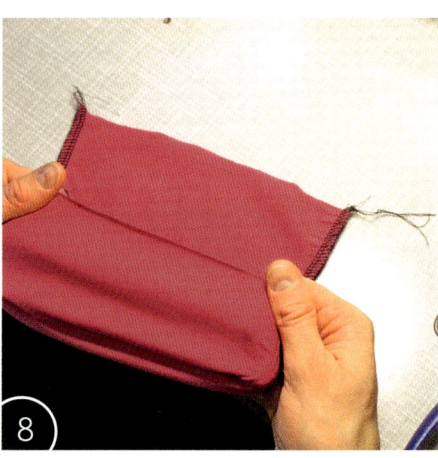

Bauch- und Fuß-Bündchen bis zur Knickkante nach außen wenden, sodass keine Innennähte mehr sichtbar sind.

Beide Stoffschichten des Bauch-Bündchens sowie der beiden Fuß-Bündchen jeweils am Bund bzw. den Beinen mit Stecknadeln feststecken.

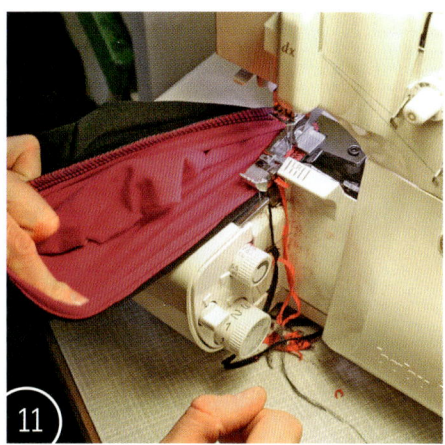

Anschließend alle Bündchen rechts auf rechts feststeppen (insgesamt jeweils drei Stoffschichten übereinander) – dabei den Bündchenstoff (hier pink) auf die Weite des Hosenstoffes dehnen (Achtung, dass die Nadel nicht bricht).

Fertiges Fuß-Bündchen – jetzt nur noch die ganze Hose wenden und reinschlüpfen.

FÜR INDIVIDU-ALISTEN

Anna Liedtke hat das bio-faire Modelabel Lena Schokolade 2009 gegründet. Sie macht Mode für Individualisten, die Verantwortung übernehmen wollen. Du findest bei Lena Schokolade eine umfangreiche pure Mode-Kollektion mit vielen Basics für Frauen. Ganz besonders ist außerdem ihre „Nachrichten auf Mode"-Kollektion. Dabei nutzt Lena Schokolade Kleidung auch um zu informieren. Es geht dabei um weltbewegende Themen wie Umwelt- und Artenschutz und Menschenrechte. Alle Teile sind fair produziert und aus Bio-Baumwolle. Denn Mode soll Spaß machen und wir sollen uns darin wohlfühlen, aber niemand darf dafür ausgebeutet werden.

www.lena-schokolade.de
https://de.dawanda.com/shop/lenaschokolade
/LenaSchokolade.mode

BASICSHIRT
FÜR HERREN

MATERIAL

- Jerseystoff, 90 x 150 cm
- Passendes Garn

WERKZEUG

- Nähmaschine, ggf. Overlockmaschine
- Jerseynadel und Jerseyzwillingsnadel

❀ Das Schnittmuster findest Du auf dem Schnittmusterbogen.

ANLEITUNG

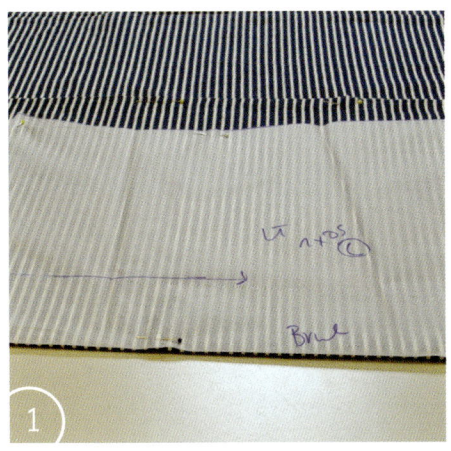

1

Zuschnitt: Sowohl das Vorder- als auch das Rückteil liegen im Bruch. Deshalb wird der Stoff nur so breit umgeschlagen, dass die Breite des Vorderteils genau darauf passt.

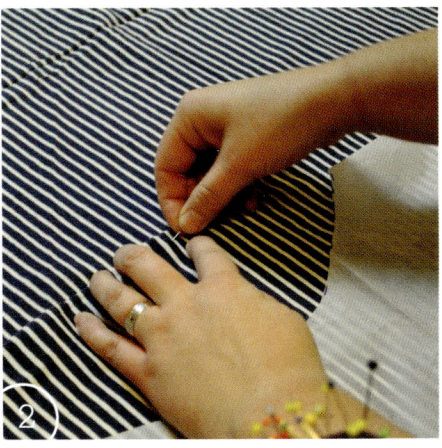

2

Nun die Streifen an der Webkante mit Stecknadeln so aufeinanderstecken, dass sie genau aufeinanderliegen.

3

Das Vorderteil an den Bruch feststecken. Dabei darauf achten, dass die Ecke, wo Saum und Seitennaht aufeinandertreffen, genau mit einem weißen Streifen abschließt. Diese Vorgehensweise ist bei Streifen hilfreich und der Zuschnitt wird genauer.

4

Mit der Stoffschere so genau wie möglich am Papierschnitt entlangschneiden. Nun den Stoff wieder aufeinanderklappen, sodass die Striche aufeinanderliegen, so wie bei Schritt 2.

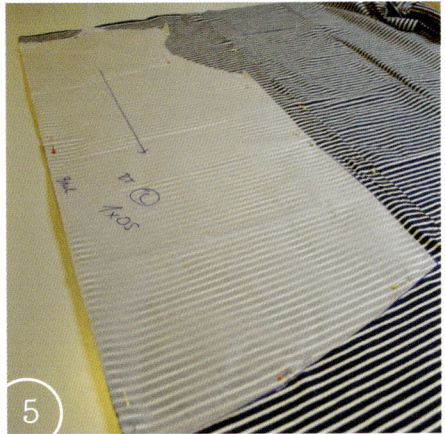

5

Das Rückteil wird auf den Stoff gesteckt. Damit die Streifen beim Nähen aufeinanderliegen, achte wieder darauf, dass die untere Ecke genau mit einem weißen Streifen abschließt.

6

Die Ärmel werden nun einzeln zugeschnitten. So kannst Du gewährleisten, dass die Streifen nachher aufeinanderpassen. Die Streifen auf den Ecken der Ärmel sollten zu den Streifen am Armloch passen.

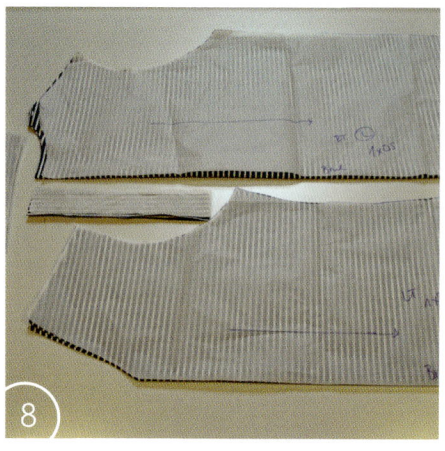

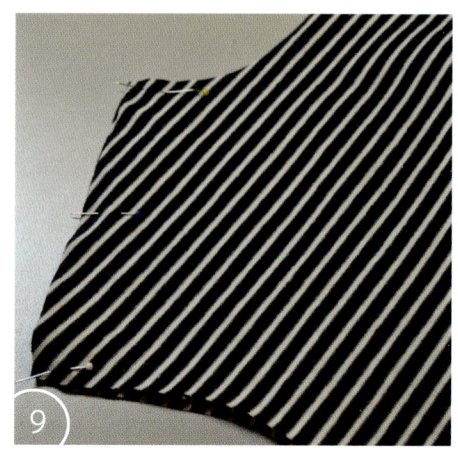

Für den Ausschnitt einen Streifen zuschneiden.

Nun hast Du alle Schnittteile.

Schulternähte zusammennähen: Die hintere Schulter ist ein klein wenig länger als die vordere, damit das T-Shirt sich nachher schön über den Rücken legt. Das ist schon im Schnitt so konstruiert. Um es schön aufeinandernähen zu können, stecke Dir die Anfangs- und die Endnadel als erstes. Dafür lege die Anfangspunkte aufeinander, fixiere diese mit der Nadel und mache selbiges beim Endpunkt. Anschließend halte es straff und stecke noch zwei Nadeln in die Mitte.

Nun nähe beide Schulternähte zusammen. Ziehe die Nadeln immer kurz bevor sie unter die Nähnadel kommen heraus.

Bügle nun die Schulternähte ins Rückteil.

Ärmel annähen: Der Ärmel und das Oberteil sind nicht gleich groß. Der Schnitt ist so, dass der jeweilige Ärmel etwas größer ist als das Oberteil. Im Ärmelschnitt sollte also ein kleiner Zwick sein, der markiert, wo die Schulternaht sitzen soll.

(13) Den Mittelzwick rechts auf rechts auf die Schulternaht stecken, sodass der Ärmel über dem Shirt liegt.

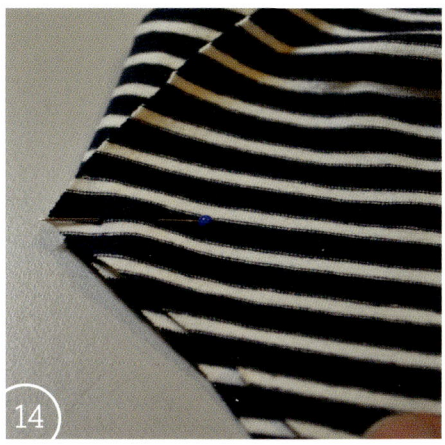

(14) Die Ecken des Ärmels jeweils auf die Ecken des Armloches stecken, so ist er an drei Punkten festgesteckt. Um ihn noch an weiteren Stellen zu fixieren, die Stoffe zwischen den Nadeln leicht gespannt halten und jeweils eine Nadel zwischen die Nadeln stecken.

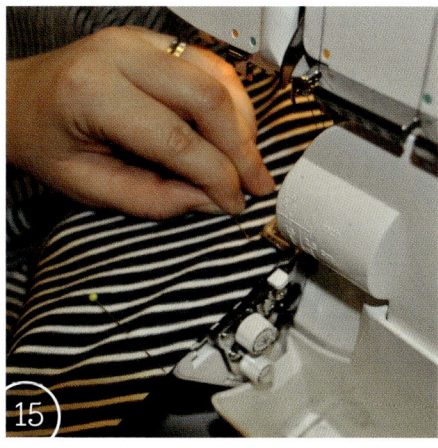

(15) Nun über das gesamte Armloch drübernähen, natürlich ohne dabei eine Nadel zu erwischen. Beim anderen Ärmel wird dieses Vorgehen wiederholt.

(16) So sollte Dein Ergebnis dann aussehen.

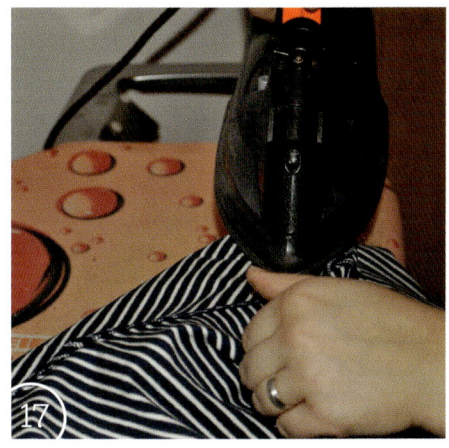

(17) Bügle nun die Naht aus.

(18) Als nächstes schließe die Seitennaht – vom Ärmel bis zum Saum – in einem Gang. Lege dafür das Shirt rechts auf rechts. Stecke als Erstes eine Nadel in die Nähte unter dem Arm (Achsel), damit hier ein Kreuz der Naht unter dem Arm entsteht.

Stecke die nächsten Nadeln in den Anfangs- und Endpunkt, also in den Saum des Ärmels und in den Saum des Shirts. Nun nutze weitere Nadeln, um zu gewährleisten, dass die Streifen immer schön ineinander übergehen.

Stecke circa alle 5 cm eine Stecknadel in die Streifen und kontrolliere auch noch von innen, ob sich die Streifen wirklich treffen.

Nähe dann vom Ärmel aus bis zum Saum und ziehe alle Nadeln möglichst spät raus. Dies auf der anderen Seite wiederholen.

Beide Seitennähte ausbügeln.

Ausschnitt nähen: Der Streifen Stoff vom Zuschnitt muss auf jeden Fall kleiner sein als das Halsloch, denn dann legt sich der Ausschnitt schön an den Körper an. Der Streifen wird rechts auf rechts aufeinandergelegt und zusammengenäht.

Die Naht wird dann zu einer Seite gebügelt und der Streifen wird auf die halbe Breite gebügelt. Lege ihn hierfür links auf links, also so, dass Du die rechten Seiten siehst, lege die Schnittkante der einen Seite auf die Schnittkante der anderen Seite und bügle darüber, sodass sich eine feste Kante bildet.

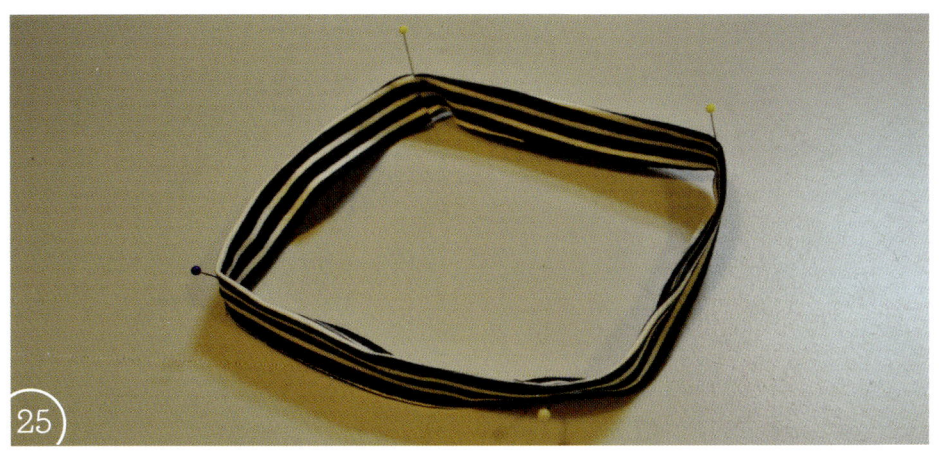

Da der Streifen etwas kleiner als der Ausschnitt ist, muss man beim Annähen den Streifen dehnen. Um dies rundherum gleichmäßig zu machen, ist es sinnvoll, sich den Streifen und auch den Ausschnitt in vier gleiche Teile zu teilen. Das Viertteln funktioniert bei dem Streifen so: Stecke eine Nadel in die Naht des Streifens, lege ihn von da aus aufeinander, sodass eine weitere Nadel genau gegenüber platziert werden kann, so ist der Streifen halbiert. Nun stecke noch einmal jeweils eine Nadel in die Mitte der Hälften, sodass der Streifen dann geviertelt ist.

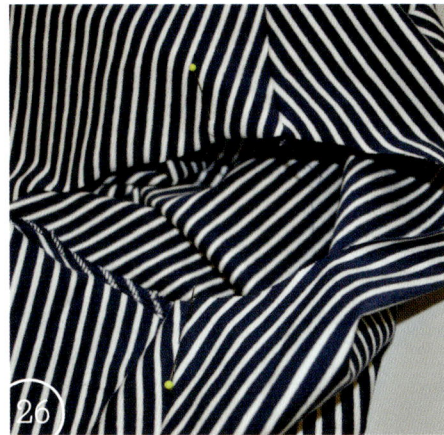

Nun wird der Ausschnitt geviertelt: Stecke eine Nadel in die Naht an der linken Schulter. Lege den Ausschnitt aufeinander, sodass Du genau den gegenüberliegenden Punkt findest und auch hier eine Nadel stecken kannst. So ist der Ausschnitt halbiert. Nun lege die beiden Nadeln aufeinander, sodass die Mitte der Nadeln gefunden wird und der Ausschnitt geviertelt werden kann.

Das Bändchen wird nun auf den Ausschnitt gesteckt: Lege den Streifen rechts auf rechts auf den Ausschnitt, sodass die geschnittenen Kanten vom Ausschnitt und dem Streifen genau aufeinanderliegen. Stecke als Erstes die Nadel an der Naht des Streifens auf die linke Schulter fest, so kannst Du dann die untere Nadel ziehen.

Stecke dann alle weiteren vier Nadeln der Reihe nach aufeinander und ziehe jeweils die untere Markierungsnadel raus.

29 Der Streifen wird nun angenäht: Beginne bei der Nadel an der linken Schulternaht und nähe einmal komplett um den Ausschnitt herum. Ziehe dabei den Stoff so, dass die Teile genau aufeinanderliegen und der Streifen gedehnt wird. Da es ein V-Ausschnitt werden soll, wird an der tiefsten Stelle des Ausschnittes langsam drübergenäht, damit auch diese Stelle erwischt wird und das Bändchen überall gleich breit ist. Wenn Du magst, kannst Du Dir an dieser Stelle vorab noch eine Hilfsnadel stecken.

Die Naht wird ausgebügelt, indem die Nahtzugabe in das Shirt, also nach unten gebügelt wird.

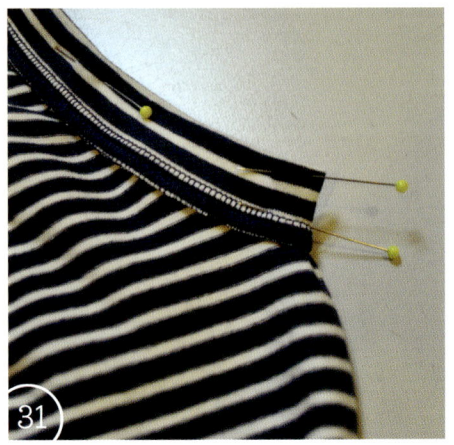

Indem Du an der tiefsten Stelle des Ausschnittes den Streifen noch mal mit der Nähmaschine nähst, wird daraus ein V-Ausschnitt. Stecke den Streifen rechts auf rechts an der tiefsten Stelle und lege Dir ein kleines Dreieck weg. Gegebenenfalls musst Du hier auch darauf achten, dass die Streifen schön ineinander übergehen.

Nähe dieses Dreieck nun ganz vorsichtig mit einem normalen Doppelsteppstich und einer Stichlänge von 2 weg. Nun steppe mit der Nähmaschine noch einmal um den Ausschnitt herum, sodass sich die Overlocknaht nicht immer nach oben drückt. Dafür nähst Du von rechts mit dem Doppelsteppstich und der Stichlänge 4 einmal um den gesamten Ausschnitt herum.

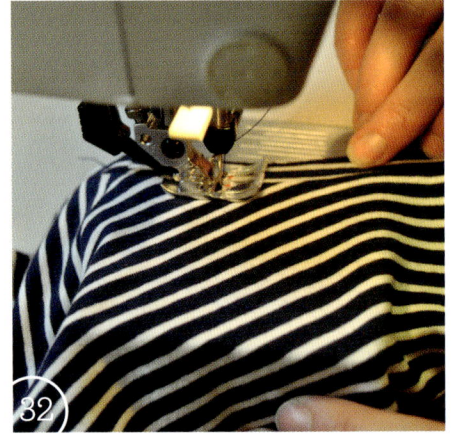

An der tiefen Stelle nähst Du bis zur tiefsten Stelle, lasse die Nadel im Stoff drin, hebe das Füßchen, wende den Stoff und nähe wieder nach oben.

Säumen: Bügle die Säume ca. 1 cm nach oben und versäubere alle offenen Kanten – also am Saum des Shirts und des Ärmels.

WAHRE LIEBLINGS- STÜCKE

Die besten Käufe sind die, die man über viele Saisons hinweg tragen kann, denn das sind wahre Lieblingsstücke. Mit diesem Gedanken entwerfen und fertigen wir in Darmstadt unsere Kollektionen für Damen (Kristalin) und Herren (Kelitz) selbst.

Beim Nähen ist das nicht anders - wenn man viel Liebe und Zeit in sein Projekt steckt, möchte man es auch möglichst lange tragen. Deswegen präsentiere ich Dir hier mein Herren-Basic-Shirt, ein wahrer Klassiker.

Seit dem Ende meines Modedesignstudiums verkaufe ich bei DaWanda einen Teil meiner Designs. 2012 habe ich dann den Sprung ins kalte Wasser gewagt und in Darmstadt mein Ladenatelier, das „Anziehend" eröffnet.

Hier nähe ich, erstelle Schnitte, verkaufe meine Kollektionen und ausgesuchte, besondere Stoffe. Außerdem biete ich ein sehr großes Nähkursangebot an.

Mit Spaß, Leidenschaft und dem nötigen Wissen habe ich schon wahnsinnig viele Teilnehmer zu tollen Näherfolgen verholfen.

Kristin Gelitz, geboren am 21.09.1988 in Darmstadt

Kristalin

kristalin_design
https://de.dawanda.com/shop/kristalindesign
www.anziehend-darmstadt.de
/KristalinDesign

83

HERREN-LOOP

MATERIAL

- Jerseystoff: 150 x 50 cm

WERKZEUG

- Jerseynadel
- Garn
- Stecknadeln
- Lineal
- Stoffschere oder Rollschneider

✄: Der Loop wird in einer Einheitsgröße gefertigt. Er passt locker gelegt zweimal um den Hals. Die Breite beträgt hier 50 cm. Gern kannst Du die Maße individuell anpassen.

1

Schneide Dir Jersey in 150 x 50 cm zu. Du hast nun zwei Möglichkeiten, die Stoffenden für den Loop zusammenzunähen: entweder mit einem einfachen Stepptisch oder mit einer Kappnaht. Die Kappnaht ist für diesen einlagigen Loop die schönere Variante, weil beide Seiten, also die Innen- und Außenseite versäubert sind. Ich stelle Dir hier beide Varianten Schritt für Schritt vor.

ANLEITUNG STEPPSTICH

Du legst Dir Deinen zugeschnittenen Jerseystoff hälftig, rechts auf rechts (die schönen Seiten liegen innen) aufeinander.

Jetzt fixierst Du die Stoffe mit Stecknadeln senkrecht zur Außenkannte, damit beim Nähen nichts verrutscht. Und dann geht's auch schon an die Nähmaschine.

Die Nahtzugabe bei dieser ersten Naht sollte ca. 1 cm betragen. Du wählst einen Geradstich. Als Stichlänge empfehle ich Dir 2,5–3,0 mm. Nun steppst Du die Stoffenden des Jerseys zusammen. Am Anfang und am Ende die Naht gut verriegeln.

Wende den Loop so, dass die rechte Seite außen ist. Jetzt legst Du Dir die 1-cm-Nahtzugabe auf der Unterseite nach links neben die eben gesteppte Naht. Nun liegen drei Stofflagen übereinander – fixiere diese am besten auch mit Stecknadeln.

Nun nähst Du links von der vorhandenen Naht eine zweite, ca. füßchenbreit. Auch hier das Verriegeln am Anfang und am Ende nicht vergessen.

Du kannst nun noch die Ecken der Nahtzugabe mit der Schere vorsichtig einkürzen und Dein Loop ist fertig!

ANLEITUNG KAPPNAHT

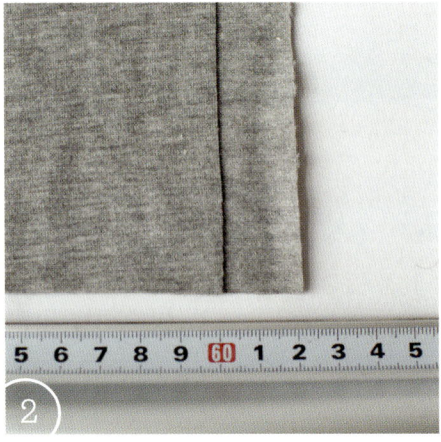

Für die Kappnaht legst Du die Stoffenden links auf links – also die Außenseiten des Stoffes liegen jetzt außen. Die Besonderheit hierbei ist, dass der obere Stoff eine Nahtzugabe von 1 cm und der untere Stoff eine Nahtzugabe von 2 cm hat.

Fixiere Dir die Stoffe, damit beim Nähen nichts verrutscht.

Jetzt wird genäht. Du wählst einen Geradstich. Als Stichlänge empfehle ich Dir 2,5 – 3,0 mm. Du nähst die Stoffenden füßchenbreit zusammen, am Anfang und am Ende die Naht gut verriegeln.

Als nächstes klappst Du die längere Nahtzugabe so nach innen, dass sie die kürzere ummantelt, und klappst diese nach rechts.

Dann fixierst Du Dir diese wieder mit Stecknadeln.

Jetzt steppst Du die umgelegte Nahtzugabe knappkantig ab. Diese Naht verläuft parallel zur ersten.

Jetzt ist die Außen- und Innenseite schön versäubert und Du kannst Deinen neuen Loop auch schon umlegen.

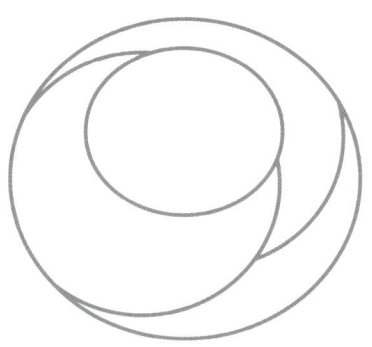

SCHLICHT NORDISCH

Die Marketing- und Vertriebs-Ökonomin Maja Fodermeyer lebt mit ihren zwei Teenager-Söhnen und Mann in Berlin. Dort hat sie sich 2014 mit ihrem Label „mien" selbstständig gemacht und designed und produziert Accessoires im schlichten nordischen Stil. Alle Produkte werden in Berlin gefertigt.

www.mien.berlin
https://de.dawanda.com/shop/majamien
https://de.dawanda.com/shop/babymien
https://de.dawanda.com/shop/fabricmien
/majamien
@mien.berlin

HERREN-PULLOVER
MIT V-AUSSCHNITT

MATERIAL

❱ Jerseystoff, 150 cm x 150 cm, 25 cm fürs Bündchen.

WERKZEUG

❱ Stecknadeln oder Klammern
❱ Stoffschere
❱ Schneiderkreide
❱ Jerseynadel
❱ Jerseyzwillingsnadel
❱ Nähmaschine, ggf. Overlockmaschine

✂ Das Schnittmuster findest Du auf dem Schnittmusterbogen. Nahtzugabe von 0,7 cm (außer am Saum 2 cm) bereits enthalten.

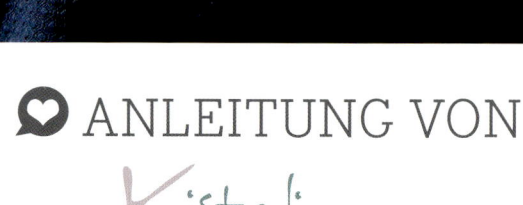

❤ ANLEITUNG VON
Kristalin
vorgestellt auf Seite 83

ANLEITUNG

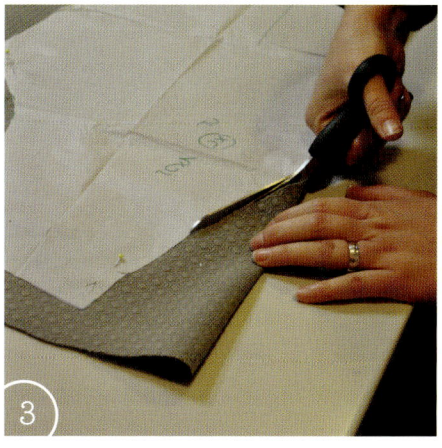

Zuschnitt: Sowohl das Vorder- als auch das Rückteil liegen im Bruch. Schlage den Stoff deswegen nur so breit um, dass die Breite des Rückteils genau darauf passt und stecke das Rückteil an den Bruch fest sowie rundum einige Nadeln.

Nun schneide mit der Stoffschere so genau wie möglich am Papierschnitt oder markiere Dir den Schnitt vorher mit Schneiderkreide.

Klappe nun wieder den Stoff nur so breit aufeinander, dass das Vorderteil genau daraufpasst. Stecke es am Bruch und darumherum fest und schneide am Schnittmuster entlang.

Der Ärmel wird nun zugeschnitten. Stecke ihn auf den Stoff, der doppelt liegt, an der Seite der Webkante auf. So hast Du auf der Bruchseite noch ein größeres zusammenhängendes Stück Stoff, aus dem Du noch etwas Kleines zaubern kannst. Schneide um das Schnittmuster herum und erhalte so gleich zwei Ärmel.

Nun hast Du drei ausgeschnittene Teile aus dem Jersey.

Bündchen zuschneiden: Bündchenware ist als Schlauch gestrickt und hat auf der linken und rechten Seite einen Bruch. Das Halsbündchen liegt im Bruch. Es wird deswegen an einer Seite so genau wie nur möglich darangesteckt. Das Ärmelbündchen hat keinen Bruch. Stecke es obendrüber und schneide hier einmal um alle vier Kanten herum.

Nun hast Du die ausgeschnittenen Teile des Bündchens.

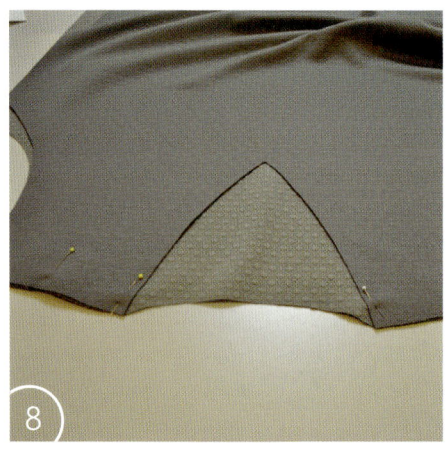

Schulternähte nähen: Stecke ein paar Nadeln in die Schulternähte und nähe die geschnittenen Kanten des Vorder- und Rückteils zusammen. Ziehe die Nadeln immer kurz bevor sie unter die Nähnadel kommen heraus. Die Schulternähte werden ins Rückteil gebügelt.

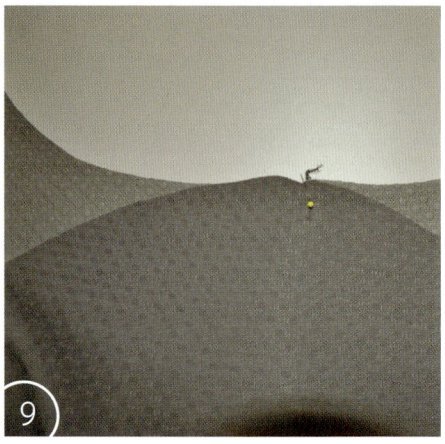

Einnähen des Ärmels: Hier ist gutes Stecken gefragt, dann ist es auch nicht so schwer. Der Ärmel ist etwas größer als das Oberteil. Im Ärmelschnitt ist ein kleiner Zwick, der markiert, wo die Schulternaht sitzen soll. Lege den Ärmel rechts auf rechts auf das Oberteil und stecke den Zwick als erstes auf die Schulternaht. Lege es so, dass der Ärmel über dem Pulloverteil liegt.

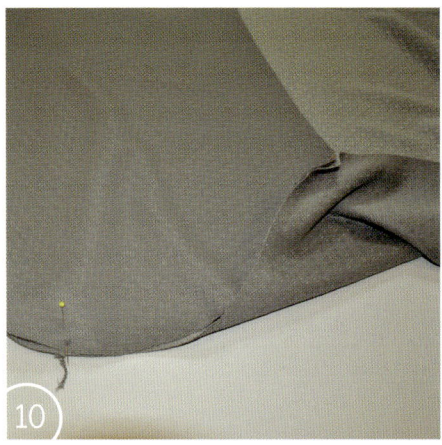

Stecke dann die Ecken des Ärmels jeweils auf die Ecken des Armloches, so ist er an drei Punkten festgesteckt.

Stecke zwischen die Nadeln aus Schritt 10 jeweils noch eine Nadel, um die Stoffe an weiteren Stellen zu fixieren. Halte dafür die Stoffe zwischen den Nadeln leicht gespannt und stecke noch einige weitere Nadeln fest.

Nähe nun über das gesamte Armloch darüber, natürlich ohne dabei eine Nadel zu erwischen.

So sieht das Ergebnis dann aus.

Die Naht wird ausgebügelt, sodass sie im Oberteil liegt. Wiederhole dasselbe Vorgehen bei dem anderen Ärmel.

Seitennaht (vom Ärmel bis zum Saum) schließen: Lege Dir die Pulloverteile rechts auf rechts aufeinander und stecke Dir eine Nadel in die Nähte unter dem Arm, also in die Achsel, damit diese nachher schön ineinander übergeht und ein Kreuz der Naht unter dem Arm entsteht. Diesen Punkt solltest Du auch auf der rechten Stoffseite kontrollieren, damit es wirklich gut aufeinandersitzt.

Stecke die nächsten Nadeln in den Anfangs- und Endpunkt, also in den Saum des Ärmels und in den Saum des Pullovers. Nutze dann weitere Nadeln, damit die geschnittenen Kanten überall schön aufeinanderliegen.

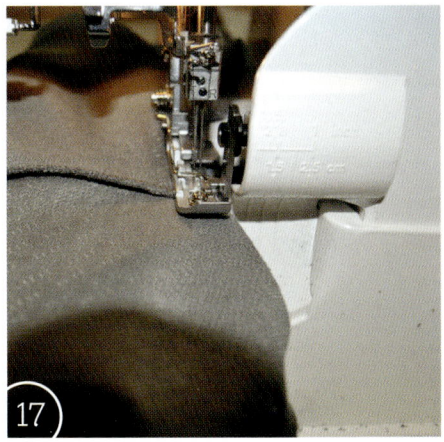

Nähe dann vom Ärmel aus los bis zum Saum und ziehe die Nadeln möglichst spät raus. Wiederhole dies auf der anderen Seite. Bügle danach beide Seitennähte aus, indem Du sie nach hinten, also in Richtung des Rückteils legst.

Nun sind die Bündchen an der Reihe. Wechsle dafür das Garn. Alle drei Teile müssen rechts auf rechts gefaltet und gelegt, zusammengesteckt und dann an der Längskante entlang zusammengenäht werden (parallel zu den Rippen).

(19)

So sollten die drei Teile nun aussehen.

(20)

Sie müssen nun gebügelt werden. Dafür wird die Naht jeweils zu einer Seite gebügelt und das Bündchen dann auf die halbe Breite gebügelt. Lege sie dafür jeweils links auf links, also so, dass die rechte Seite zu sehen ist, aufeinander und lege die Schnittkante der einen

(21)

Seite auf die Schnittkante der anderen Seite. Bügle darüber, sodass sich eine feste Kante bildet.

So sollten die Bündchenteile nun aussehen.

(22)

Verbinde nun die Bündchen mit dem Pullover. Beginne mit den Ärmeln: Da das Bündchen kleiner ist als der Ärmel, muss man beim Annähen den Streifen dehnen.

(23)

Um dies rundherum gleichmäßig zu machen, ist es sinnvoll, sich das Bündchen und den Ärmelsaum in vier gleichmäßige Teile einzuteilen. Das Vierteln funktioniert so: Stecke eine Nadel in die Naht des Bündchens, lege das Bündchen von da aus aufeinander, sodass Du Dir eine weitere Nadel genau gegenüber stecken kannst; so ist der Streifen halbiert.

(24)

Stecke noch mal eine Nadel in die Mitte der Hälften, so dass das Bündchen dann geviertelt ist. Lege es so hin, dass die beiden Nadeln auf der Hälfte aufeinander liegen und stecke dann in die so entstehenden Kanten jeweils eine Nadel. Schon hast Du vier gleiche Teile.

(25)

Das Vierteln des Ärmelsaums funktioniert so: Stecke eine Nadel in die Naht des Ärmels. Von hier ab lege den Saum aufeinander, sodass Du genau den gegenüberliegenden Punkt findest und hier eine Nadel feststeckst. So ist der Saum halbiert.

(26)

Lege wieder die beiden Nadeln aufeinander, sodass Du die Mitte dieser Nadeln findest, um den Ärmelsaum zu vierteln.

(27)

Das Bündchen wird nun auf den Ärmelsaum gesteckt: Stülpe das Bündchen über den Saum des Ärmels, sodass die gebügelte Kante oben liegt und am Saum die geschnittenen Kanten des Ärmels und der Bündchen aufeinanderliegen. Stecke Dir als erstes die beiden Nadeln in den Nähten aufeinander, so-

dass Naht auf Naht liegt und die Nähte später ineinander übergehen. Kontrolliere dies auch von rechts. Dann stecke weitere Nadeln der Reihe nach aufeinander und ziehe jeweils die untere Markierungsnadel heraus, damit Du nicht versehentlich darüber nähst. So ist die Mehrweite gleichmäßig rundum verteilt.

(28)

Jetzt wird es angenäht. Beginne bei der Nadel an den Nähten und nähe einmal komplett um den Saum herum. Dabei ziehe den Stoff so, dass die Teile genau aufeinanderliegen und das Bündchen gedehnt wird.

So soll das Ganze dann genäht ausse- hen. Wiederhole den letzten Schritt am anderen Ärmel.

Als nächstes kommt das Bündchen an den Ausschnitt. Viertele das Bündchen nach demselben Vorgehen wie beim Är- mel. Auch der Ausschnitt wird geviertelt. Beginne an der Naht an der linken Schulter.

Lege nun die geschnittenen Kanten des Ausschnittes ganz sauber aufeinander und stecke eine zweite Nadel genau ge- genüber von diesem Punkt (Achtung: Lass Dich nicht von der gegenüberlie- genden Schulternaht irritieren, diese ist NICHT die gegenüberliegende Seite!).

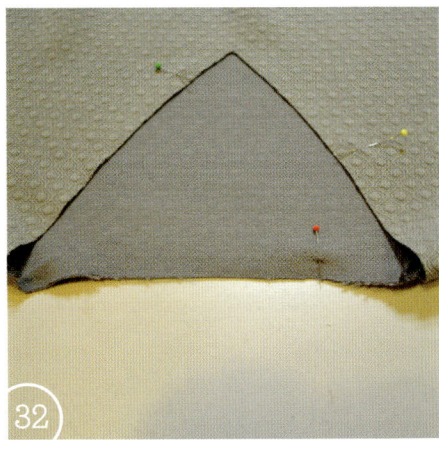

Ziehe den Ausschnitt so auseinander, dass die beiden eben gesteckten Na- deln aufeinanderliegen und stecke dann in die so entstandenen Kanten wieder jeweils eine Nadel. So ist der Ausschnitt in vier gleiche Teile geteilt.

Wie beim Ärmel werden nun Ausschnitt und Bündchen miteinander verbunden. Stecke wieder so, dass zuerst die Na- deln der Nähte aufeinandergesteckt werden, sodass die Nähte ganz genau aufeinanderliegen und später einen schönen Übergang haben. Kontrolliere dies auch von der rechten Seite aus.

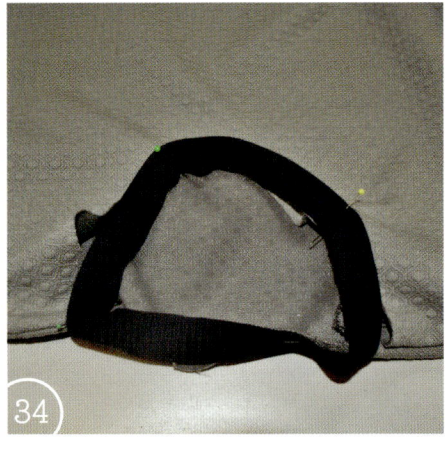

Stecke dann alle weiteren Nadeln jeweils aufeinander und ziehe die unteren Na- deln heraus, damit Du nicht versehent- lich darauf nähst.

(35) Nähe nun einmal um den gesamten Ausschnitt herum und dehne dabei immer von Viertel zu Viertel das Bündchen.

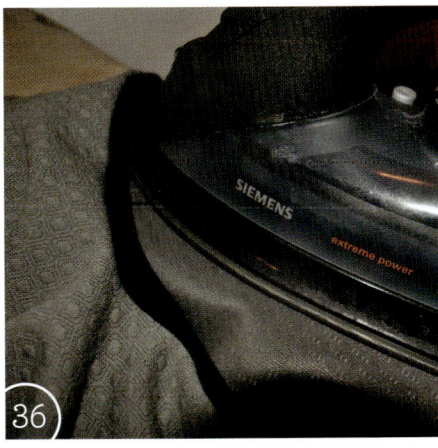

(36) Die beiden Teile sind miteinander verbunden und die Naht wird ausgebügelt, indem sie in den Pullover hineingebügelt wird.

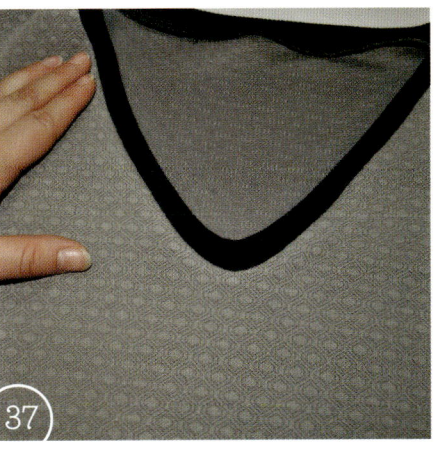

(37) Von rechts sieht das Ganze dann erst einmal so aus.

(38) Nun muss daraus ein V-Ausschnitt gemacht werden, indem an der tiefsten Stelle des Ausschnittes der Streifen noch einmal mit der Nähmaschine genäht wird.

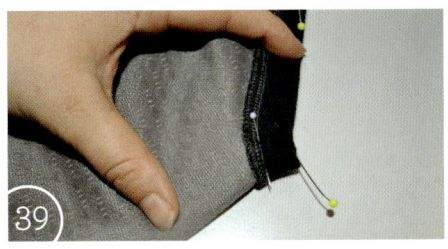

(39) Stecke das Halsbündchen rechts auf rechts an der tiefsten Stelle und stecke ein kleines Dreieck weg.

(40) Nähe dieses Dreieck nun ganz vorsichtig mit einem normalen Doppelsteppstich und einer Stichlänge von 2.

(41) Steppe nun noch einmal um den Ausschnitt herum, sodass sich die Overlocknaht nicht immer nach oben drückt. Nähe dafür von rechts (Doppelsteppstich/Stichlänge 4) einmal um den gesamten Ausschnitt herum. Nähe bis zur tiefsten Stelle, lasse die Nadel im Stoff, hebe das Füßchen, wende den Stoff und nähe wieder nach oben.

(42)

Säumen: Gehe mit Deiner Overlockmaschine oder mit einer normalen Maschine und einem Zickzackstich einmal rundum an dem offenen Kanten entlang.

(43)

Bügle nun den Saum 2 cm nach innen.

(44)

Setze eine Jerseydoppelnadel ein. Du brauchst zwei Oberfäden, die einfach parallel eingeführt werden, du brauchst dafür nur zwei Halterungen für das Garn. Stelle Deine Stichlänge etwas größer und nähe nun von rechts um den Saum herum.

(45)

So sieht die genähte Naht dann aus. Nun wird der gesamte Pullover noch mal gebügelt, auch der eben genähte Saum.

> ❶ Tipp: Du hast keine Coverlockmaschine, möchtest aber trotzdem, dass die Säume möglichst professionell aussehen? Nutze einfach eine Jerseyzwillingsnadel in Deiner Nähmaschine.

© LV·Buch im Landwirtschaftsverlag GmbH, 48084 Münster, 2017

Das Werk einschließlich aller seiner Teile ist urheberrechtlich geschützt. Jede Verwertung außerhalb der engen Grenzen des Urheberrechtsgesetzes ist ohne Zustimmung des Verlages unzulässig und strafbar. Das gilt insbesondere für Vervielfältigungen, Übersetzungen und die Einspeicherung und Verarbeitung in elektronischen Systemen. Die Informationen in diesem Buch wurden nach bestem Wissen zusammengestellt. Alle Empfehlungen sind ohne Gewähr seitens des Autors oder des Verlegers, der für die Verwertung dieser Informationen jede Verantwortung ablehnt.

Schnittmuster: Alle Rechte des Schnittmusters liegen beim jeweiligen Designer. Das Schnittmuster darf nicht verkauft, weitergegeben, kopiert oder gewerblich genutzt werden.

Gestaltung: Karla Breilmann, Anja Micheel, KreaTec im Landwirtschaftsverlag GmbH
Illustrationen: Florencia Orpianesi, DaWanda GmbH
Lektorat: Gisela Gottbrath, www.alpha-office-muenster.de
Druck: Westermann Druck Zwickau GmbH
Projektmanagement: Romie Bruk, DaWanda GmbH

ISBN 978-3-7843-5488-0

Auch für den Mann

Gut geknotet